AF141982

Sebastian Sonntag ist Information Security Officer bei der ING Deutschland in Nürnberg. Er ist verantwortlich für das Prozessdesign und die Prozessoptimierung beim Onboarding und Monitoring neuer Applikationen und IT Services unter Information-Security-, Governance- und Compliance-Aspekten im Unternehmen.

Thomas Rümmler arbeitet als Managing Consultant bei AIT GmbH & Co. KG und verantwortet dort das Projektmanagement. Außerdem ist er von Microsoft als Most Valuable Professional (MVP) für Visual Studio & Development Technologies ausgezeichnet worden. Er hilft Unternehmen ihren Entwicklungsprozess ganzheitlich zu verbessern und mit moderner Softwareentwicklung die Chancen der Digitalisierung zu nutzen. Seine Erfahrung gibt er als Autor und Sprecher sowie als Dozent für IT Management an der FOM Hochschule weiter.

Prof. Dr. Sebastian Serfas ist stellv. wissenschaftlicher Gesamtstudienleiter der FOM Hochschule in Nürnberg. Er lehrt und forscht mit Schwerpunkt im Bereich Finance & Accounting, ist Mitgründer des KompetenzCentrum für Entrepreneurship & Mittelstand und berät Unternehmen bei strategischen und operativen Fragestellungen.

Sebastian Sonntag
Thomas Rümmler
Sebastian Serfas

Künstliche Intelligenz im Finanzsektor

Eine kritische Betrachtung digitaler Service-Ansätze und Applikationen im Kontext eines digitalen Finanzberaters

Künstliche Intelligenz im Finanzsektor

Eine kritische Betrachtung digitaler Service-Ansätze und Applikationen im Kontext eines digitalen Finanzberaters

© 2019 Sebastian Sonntag, Thomas Rümmler, Sebastian Serfas

Schriftenreihe BWL Hochschulschriften, Band 10

Herausgeber:
Prof. Dr. Ludwig Hierl
Prof. Dr. Simon Fauser
Prof. Dr. Sebastian Serfas

Verlag: tredition GmbH, Hamburg

ISBN Paperback   978-3-7482-5229-0
ISBN Hardcover   978-3-7482-5230-6
ISBN eBook   978-3-7482-5231-3

Bibliografische Information der Deutschen Nationalbibliothek: Die Deutsche Nationalbibliothek verzeichnet diese Publikation in der Deutschen Nationalbibliografie; detaillierte bibliografische Daten sind im Internet über http://dnb.dnb.de abrufbar.

Inhaltsverzeichnis

Abbildungsverzeichnis

Abkürzungsverzeichnis

AASP	Account Aggregation Service Provider
AG	Aktiengesellschaft
AGI	Artificial General Intelligence
AI	Artificial Intelligence
AI-C³	Artificial Intelligence Client Communication Centre
ANI	Artificial Narrow Intelligence
API	Application Programming Interface
ASR	Automatic Speech Recognition
B2B	Business to Business
BaaP	Banking as a Platform
BaFin	Bundesanstalt für Finanzdienstleistungsaufsicht
BDSG	Bundesdatenschutzgesetz
BSI	Bundesamt für Sicherheit in der Informationstechnik
COIN	Contract Intelligence
CUI	Conversational User Interfaces
DAX	Deutscher Aktienindex
DeepQA	Deep Question Answering
DKB	Deutsche Kreditbank
eID	electronic Identity
eSIM	embedded Subsrcriber Identity Module
ETF	Exchange Traded Funds
EU	Europäische Union
FAQ	Frequently Asked Questions
GAFA	Google, Amazon, Facebook & Apple
GFT	Gesellschaft für Technologietransfer

HSBC	Hongkong and Shanghai Banking Corporation
IBM	International Business Machines
ING	International Netherlands Group
IoT	Internet of Things
IPA	Intelligence Process Automation
ISACA	Information Systems Audit and Control Association
ISO	International Organization for Standardization
IT	Informationstechnologie
KI	Künstliche Intelligenz
KWG	Kreditwesengesetz
ML	Machine Learning
NFC	Near-field communication
NIST	National Institute of Standards and Technology
NLG	Natural Language Generation
NLP	Natural Language Processing
NLU	Natural Language Understanding
OAuth	Open Authorization Protocol
OCR	Optical Character Recognition
PIN	Personal Identification Number
PSD2	Payment Service Directive 2
RDA	Robotic Desktop Automation
RFID	Radio-frequency identification
ROBIN	Robo-Invest
RPA	Robotic Process Automation
RWD	Responsive Web Design
SHA	Secure Hash Algorithm
SSL	Secure Sockets Layer

SQL	Structured Query Language
TAN	Transaction Number
TLS	Transport Layer Security
TTS	Text to speech
TÜV	Technischer Überwachungsverein
USP	Unique Selling Preposition

1 Einleitung

Künstliche Intelligenz (KI) als eine eigentlich schon lang bestehende Disziplin erfährt aktuell einen neuen richtungsweisenden Aufschwung in Praxis und Forschung. Durch die fortschreitende Digitalisierung und den damit verbundenen technologischen Fortschritt gewinnen marktreife, KI-basierte Anwendungen immer mehr an Bedeutung. In den Medien ist zunehmend von Gesichtserkennung, Chatbots, Sprachassistenten, Sensordatenanalyse, Predictive Maintenance, Autonomen Fahren oder Robotern die Rede. Die gemeinsame Basis dieser Anwendungen ist die Technologie rund um KI. Die Grundlagen der KI, eine große Zahl der Algorithmen und multivariaten statistischen Methoden, die dabei zum Einsatz kommen, reichen bis auf wenige neue Verfahrensansätze zurück bis in die Mitte des vergangenen Jahrhunderts. KI-basierte Anwendungen treten aber erst heute markttauglich in einer großen Fülle auf. Der Grund hierfür ist die rasante Entwicklung der Informationstechnologie (IT) in den zurückliegenden Jahren. Die Einsatzgebiete sind sehr vielseitig. In Onlineshops oder als virtuelle Agenten auf dem Smartphone assistieren KI-basierte Applikationen Konsumenten bei der Auswahl von Produkten oder bieten anderweitige Support-Funktionen. Aber auch in der Industrie ermöglichen intelligente Sensordatenerfassungen bspw. eine höhere Qualität in der Produktion oder vorausschauende Wartung von Maschinen. Im Dienstleistungsbereich ist nicht zuletzt auch der Finanzsektor auf potentielle Vorteile KI-basierter Anwendungen gestoßen, um erfolgsträchtige Synergien mit sogenannten FinTechs in Kundenservice, Marketing und Vertrieb sowie im Kundenerlebnis zu generieren (vgl. *Kremer* 2018).

Der Verbraucher akzeptiert KI-Anwendungen grundsätzlich mehr und mehr, um intelligente Hinweise, Angebote und Lösungen zu erhalten. Allerdings muss die Finanzwelt diesbezüglich noch den letzten Beweis antreten, da der Umgang mit besonders sensiblen Daten zu einigen Hürden führen kann (vgl. *Rondinella* 2017). Dies fordert ein gänzliches Umdenken, da komplette Geschäftsmodelle auf den Kopf gestellt werden. Eine grundlegende Veränderung findet von den kleinsten Prozessen bis hin zur Unternehmensstruktur- und Strategieausrichtung statt (vgl. *Half* 2016, S. 1).

Bereits jetzt sind Teile des Finanzsektors digitalisiert und immer mehr auf den Markt strömende FinTech-Unternehmen stellen den Finanzbereich vor größer werdende Herausforderungen. Digitale Direktbanken werden immer beliebter und Filialbanken rücken in den Hintergrund. Im Durchschnitt wird eine Filiale von Kunden nur noch einmal im Jahr aufgesucht; der anhaltende Rückgang der Filialen von Banken unterstreicht diese

Entwicklung deutlich (vgl. *Schwartz et al.* 2017, S. 1; *Fiore* 2017). Die steigende Beliebtheit von Direktbanken mit ihrem digitalen Angebot für Endverbraucher weist die Richtung zur digitalen Finanzberatung (vgl. *norisbank GmbH* 2018).

Es scheint geboten, sich dem Thema KI aus Sicht der Finanzwelt weiter zu öffnen, um den sich dynamisch ändernden Wettbewerbsbedingungen und Anforderungen von Verbrauchern auch zukünftig gerecht werden zu können.

1.1 Motivation

Kaum eine Branche erfährt im Moment die digitale Transformation so stark wie der Finanzsektor. In zweierlei Hinsicht wirken dabei Kräfte auf die Finanzwelt ein. Einerseits verändern Kunden die Anforderungen wie Finanzdienstleistungen bereitgestellt und erbracht werden müssen. Andererseits müssen klassische Finanzinstitute den neuen Nachfragebedürfnissen Rechnung tragen und die eigenen Arbeitsprozesse im Hinblick auf Technologisierung bzw. Digitalisierung umstellen. Die Kundennähe, über Jahrzehnte hinweg ein bedeutendes Gut der Finanzinstitute, nimmt in seiner Bedeutung bei der Auswahl von Anbietern immer weiter ab. Kunden selektieren heute ihre Bank verstärkt nach den Digitalangeboten. Bei ca. 63 Millionen Online-Girokonten und ca. 42 Millionen Onlinebanking-Nutzern allein in Deutschland ist die digitale Onlineberatung nicht mehr wegzudenken - eine spannende Entwicklung, die die Finanzhäuser und ihre Mitarbeiter vor richtungsweisende Herausforderungen stellt und ein Umdenken erfordert (vgl. *Statista* 2018a; *Wohlfahrth* 2017).

In diesem Zusammenhang stellt sich die Frage, inwieweit der Faktor Mensch in Zukunft noch eine Rolle als Teil der Servicearchitektur im Finanzsektor darstellen wird. Auch ist die Frage aufzuwerfen, ob und unter welchen Voraussetzungen ein so stark mit Vertrauen belegtes Gut wie eine Finanzdienstleistung bei Privatkonsumenten durch technische Innovationen substituierbar ist.

Diesen Fragestellungen nachzugehen stellt die Motivation dieses Buchs dar. Dabei sollen bereits bestehende digitale Ansätze und im Besonderen die Kundensicht auf einen digitalen Finanzberater analysiert werden. Hierdurch bietet sich aus Sicht der Autoren die Gelegenheit den theoretischen Aspekten einen praxisorientierten Kunden-Benchmark gegenüberzustellen.

1.2 Problemstellung, Zielsetzung und Vorgehensweise

Durch die großen Umstrukturierungen und Veränderungsprozesse im Finanzsektor ist fraglich, ob zukünftig ein persönlicher Finanzberater im klassischen Sinne noch Bedarf findet oder durch einen digitalen, KI-basierten Finanzberater ersetzt werden kann oder muss. Vor dem Hintergrund, dass Kunden häufig keine Geschäftsstellen mehr aufsuchen, kann hinterfragt werden, ob ein klassischer Finanzberater weiterhin benötigt wird. Es gilt zu erforschen, ob das Bedürfnis nach einem mobilen, digitalen Finanzberater besteht. Auf Grundlage der dargelegten Problemstellung sollen die folgenden Forschungsfragen beantwortet werden:

- Ist ein digitaler Finanzberater aus Kundensicht grundsätzlich gewünscht? Falls ja, welche Anforderungen müsste dieser bedienen können?
- Welche digitalen Lösungen gibt es bereits heute und inwieweit erfüllen diese schon die aktuellen Kundenerwartungen?
- Existieren, auf Basis der eruierten Kundenanforderungen, Anhaltspunkte für Optimierungspotenzial bei den bereits vorhandenen digitalen Lösungen?

Die Zielsetzung dieser Abhandlung besteht darin, die Anforderungen der Kunden an einen möglichen digitalen Finanzberater mit bereits heute existierenden digitalen Services abzugleichen und darauf basierend Empfehlungen zu entwickeln, wie die digitalen Finanz-Services bzw. ein digitaler Finanzberater in Zukunft optimiert werden könnten.

Für die Erarbeitung bereits bestehender Lösungsansätze wird eine umfassende Literatur- und Internetrecherche durchgeführt. Konkret wird mit Hilfe einer Sekundäranalyse vorhandener Studien der Einsatz von KI im Finanzsektor untersucht.

Um der Problemstellung nachzugehen, welche Anforderungen die Kunden an einen digitalen Finanzberater stellen, wird eine empirische Nutzer-Befragung durchgeführt. Bei dieser Befragung werden Teilnehmer eingeladen, die bereits zu den online-affinen Kunden gehören. Die Erhebung wird in Form einer Online-Befragung umgesetzt. Für diese wird ein Fragebogen anhand befragungsrelevanter Kriterien ausgearbeitet, um die übergeordnete Fragestellung beantworten zu können. Vor Durchführung der Befragung wird ein Pre-Test durchgeführt, um mögliche Fehler, Unstimmigkeiten und Defizite zu erkennen und berichtigen zu können. Im

Anschluss an die Auswertung der Erhebungsergebnisse erfolgt eine Vergleichsanalyse der Nutzer-Anforderungen mit den bestehenden Lösungsansätzen.

1.3 Aufbau

Die vorliegende Veröffentlichung umfasst acht Kapitel.

Im **ersten Kapitel** werden nach einer kurzen Einleitung die praktische und wissenschaftliche Relevanz des Themas sowie die Problemstellung, Zielsetzung und Vorgehensweise vorgestellt.

Das **zweite Kapitel** widmet sich den theoretischen Grundlagen von Digitalisierung und künstlicher Intelligenz.

Darauf aufbauend wird im **dritten Kapitel** der Digitalisierungsgrad sowie eingesetzte KI-Ansätze im Finanzsektor thematisiert. Zunächst leitet der Wandel dieses Sektors das Kapitel ein, danach wird der Status Quo der Digitalisierung in diesem Sektor vorgestellt.

Im Fokus des **vierten Kapitels** steht die Beschreibung des Studien-Designs der quantitativen Analyse. Im Speziellen wird dabei auf die Erhebungsmethodik, den Aufbau des Fragebogens und die Beschreibung der Stichprobe eingegangen.

Anschließend werden im **fünften Kapitel** die Ergebnisse der Erhebung betrachtet, wobei sich das Kapitel in eine Beschreibung des generellen Nutzungsverhaltens sowie der aktuellen Wahrnehmung von Finanzdienstleistungen auf der einen Seite und der Evaluation von Einstellungen und Erwartungen der Befragten an einen digitalen Finanzberater auf der anderen Seite aufteilt. Eine Zusammenfassung der Erhebungsergebnisse schließt das Kapitel ab.

Die Analyse bereits existierender Ansätze eines digitalen Finanzberaters und der Abgleich zu formulierten Anforderungen aus der Erhebung leiten das **sechste Kapitel** ein. Es wird durch die kritische Betrachtung des digitalen Finanzberaters und Empfehlungen, welche auf den Erhebungsergebnissen basieren, abgeschlossen.

Die ausführliche Zusammenfassung und kritische Würdigung im **siebten Kapitel** sowie ein Fazit und Ausblick im **achten Kapitel** rund das vorliegende Werk ab.

2 Theoretische Grundlagen

In diesem Kapitel werden die theoretischen Grundlagen der Digitalisierung dargestellt und die damit verbundenen Terminologien erklärt. Zum Abschluss des Kapitels folgen eine Strukturierung und Erläuterung der bestehenden Methoden und Technologien der KI.

2.1 Begriff Digitalisierung

Der Begriff Digitalisierung lässt sich der Wirtschaftsinformatik zuordnen und kann sowohl technische als auch gesellschaftliche Transformation bedeuten. Auf technischer Seite beschreibt die Digitalisierung zurückblickend die Umwandlung von Bild, Schrift, Ton und anderen analogen Signalen. Dies geschieht über sogenannte Analog-Digital-Wandler, die analoge Signale abtasten und in digitale umwandeln. Ein Beispiel für diese Art der Digitalisierung ist ein Überweisungsschein, der mit Hilfe eines Scanners oder per Smartphone-Foto erfasst wird. Das erstellte Raster-Abbild des analogen Dokuments wird nach einer Texterkennung als formatiertes, digitales und maschinell weiterverarbeitungsfähiges Dokument bzw. Datei aus einer Folge von Bits und Bytes gespeichert. Das Durchdringen aller gesellschaftlichen Lebensbereiche mit IT und alle damit einhergehenden Veränderungen oder auch Möglichkeiten kennzeichnen die Digitalisierung als gesellschaftliche Transformation. Beide Sichtweisen sind miteinander verbunden, da die gesellschaftliche Transformation auf der technischen beruht (vgl. *Alt/Puschman* 2016, S. 21-22).

Die beschriebene digitale Transformation betrifft nahezu alle Branchen der Volkswirtschaft. Die Automobilbranche, Banken, der Einzel- und Großhandel und das Gesundheitswesen sind nur Beispiele, in denen sich der Einfluss der Digitalisierung höchst bemerkbar macht (vgl. *Heinze* 2017).

Die industrielle Produktion als wichtige Säule der Volkswirtschaft wird zunehmend durch digitale Methoden in der Fertigung bestimmt. Prozesse der Produktion werden unter dem Begriff Industrie 4.0 zwischen virtueller und realer Welt verbunden. Ganze Wertschöpfungsketten der Fertigung und komplette Geschäftsmodelle sind betroffen. Sämtliche Schritte des Fertigungsprozesses sind idealerweise grenzenlos integriert und miteinander vernetzt. Es ist somit möglich ein gänzlich digitales Abbild der Wertschöpfungsnetzwerke darzustellen (vgl. *Becker/Knop* 2015, S. 28). Ubiquitous Computing sei hier als Schlagwort genannt. Es beschreibt eine physisch virtuelle IT-Infrastruktur, d.h. eine grenzenlose Vernetzungsmöglichkeit von Objekten. Systeme erhalten die Fähigkeit zur physischen Integration und eigenständigen Interoperabilität (vgl. *Obermaier* 2016, S. 31, 237). Nicht nur der Prozess der Fertigung ändert sich, auch Produkte unterliegen Veränderungen. Diese werden beispielsweise mit Radio-Frequency Identification (RFID) Sensoren sowie integrierter Software ausgestattet. Sie werden also zu „Smart Items" umgewandelt. Das hat den Vorteil, dass diese Produkte für den Auftragnehmer und -geber jederzeit identifizierbar, lokalisierbar und in Echtzeit rückmeldungsfähig sind (vgl. *Becker/Knop* 2015, S. 28).

Auch im behördlichen Sektor haben Technologien der Digitalisierung Einzug gehalten. Es werden Verfahren bzw. Software eingesetzt, die auf Grundlage bestehender Daten Vorhersagen treffen können (Predictive Analytics). Hier kann als Beispiel Predictive Policing genannt werden. Bei Predictive Policing geht es darum, auf Basis von Tatmustern aus der Vergangenheit, Wahrscheinlichkeiten für Verbrechen in bestimmten Regionen zu berechnen. Diese Informationen werden genutzt, um beispielsweise verstärkte Polizeikontrollen in den entsprechenden Regionen durchzuführen (vgl. *Mauerer* 2018).

Die Digitalisierung könnte auch das Gesundheitswesen nachhaltig beeinflussen. Der Digitalisierungsprozess in diesem Bereich wird bisher noch durch die hohen Datenschutzbestimmungen Deutschlands sowie durch Infrastrukturprobleme verzögert. Dabei könnte gerade dieser Bereich von den Vorteilen profitieren. Zukünftig können alle Gesundheitsdaten eines Patienten auf dem Chip der Gesundheitskarte oder auf dessen Smartphone gespeichert werden. Sie sind somit bei jedem Besuch eines Arztes sofort zugänglich und die Gesundheitsvorgeschichte würde dem behandelnden Arzt direkt in der elektronischen Patientenakte zur Verfügung stehen. Diese Möglichkeiten sind jedoch bisher noch nicht ausgeschöpft (vgl. *TK-Landesvertretung Hessen* 2018). Im privaten Bereich sind Wearables wie Fitnessarmbänder oder Smartwatches zum „Gesundheitsratgeber" aufgestiegen. Sie bestimmen einzelne Parameter wie Schrittzahl, Herzfrequenz, Kalorienabbau, etc. und machen es somit möglich, die eigene Gesundheit im Blick zu behalten und gegebenenfalls Präventionsmaßnahmen zur Vorbeugung von Krankheiten einzuhalten (vgl. *Kollmann/Schmidt* 2016, S. 102-103).

Diese Beispiele beschreiben exemplarisch den allumfänglichen Einfluss der Digitalisierung in zahllosen Bereichen der Weltwirtschaft.

2.2 Technologien der Digitalisierung

Die fortschreitenden Entwicklungen in der IT, sowohl in der Software als auch in der Hardware, ermöglichten im Laufe der letzten Jahrzehnte immer mehr Optionen über verteilte, hybride Systeme digitales Business zu betreiben.

Als etablierte Schlüsseltechnologie der Digitalisierung lässt sich Cloud Computing benennen, direkt gefolgt von (Big) Data Analytics und dem Internet der Dinge (Internet of Things (IoT)). Weitere Technologien wie Robotik, Blockchain und KI kommen zwar bisher noch vergleichsweise seltener zum Einsatz, werden aber zukünftig stark an Bedeutung gewinnen (vgl. *Tata Consultancy Services (TCS) Deutschland GmbH/Bitkom Research GmbH* 2017, S. 25). Diese Technologien der Digitalisierung werden im Folgenden kurz beschrieben.

Für Cloud Computing gibt es keine allgemeingültige Definition. Die Beschreibung nach dem National Institute of Standards and Technology (NIST) hat sich in Fachkreisen jedoch etabliert und kann für eine Definition herangezogen werden (vgl. *Bundesamt für Sicherheit in der Informationstechnik - BSI* 2018). NIST beschreibt Cloud Computing als ein Modell für den allgegenwärtigen, bequemen und bedarfsgerechten Netzwerkzugriff auf einen gemeinsamen Pool von konfigurierbaren Computerressourcen, zum Beispiel Netzwerke, Server, Speicher, Anwendungen und Dienste. Die schnelle Bereitstellung und Freigabe dieser Ressourcen und Services ist mit minimalem Verwaltungsaufwand oder Service-Provider-Interaktion realisierbar (vgl. *NIST* 2011, S.2).

Eine weitere Schlüsseltechnologie stellt Big Data Analytics dar. Der Begriff Big Data wird als das Aufkommen von großen Datenmengen bezeichnet, für die klassische Analysewerkzeuge, wie zum Beispiel Abfragen über Structured Query Language (SQL), nicht mehr ausreichend sind. Sie erfordern somit neue Methoden, zum Beispiel Apache Hadoop[1], die eine sinnvolle Auswertung der Daten möglich machen (vgl. *Dorschel* 2015, S. 6, 63). Die Merkmale von Big Data werden mit Hilfe der vier V beschrieben: Volume (Datenmenge), Velocity (Geschwindigkeit), Variety (Datenvielfalt) und Veracity (Datenrichtigkeit/-wahrhaftigkeit). Big Data ist gekennzeichnet durch große Datenmengen, die in Echtzeit zur Verfügung stehen und ausgewertet werden können. Sie weisen eine ausgedehnte Vielfalt

---

[1] Apache Hadoop ist ein Softwareframework für die verteilte Verarbeitung großer Datenmengen über Computercluster unter Verwendung einfacher Programmiermodelle (vgl. *The Apache Software Foundation* 2018).

bezüglich der Strukturierung auf (strukturiert, semi-strukturiert, unstrukturiert) und es besteht die Notwendigkeit, diese Daten in Bezug auf ihre Wahrhaftigkeit zu überprüfen (vgl. *Freiknecht* 2014, S. 10-13). Strukturierte Daten liegen in einer gut identifizierbaren Struktur vor und können in einer Datenbank, die zeilen- und spaltenorientiert ist, abgelegt und verarbeitet werden. Unstrukturierte Daten hingegen liegen in einer nicht nachvollziehbaren Datenstruktur vor. Sie lassen sich nicht mit Standard SQL-Datenbanken speichern. Der Datentyp ist dabei bekannt, der Inhalt dagegen nicht. Zu den unstrukturierten Daten zählen beispielsweise Audiofiles, Bilder, Präsentationen, Textdateien oder Videos Die Mehrzahl der heute anfallenden Daten ist unstrukturiert und schwer zu verarbeiten. Semi-strukturierte Daten bestehen aus einer bestimmten Basisstruktur und einem strukturlosen Teil, wie es zum Beispiel bei E-Mails der Fall ist. Die Basisstruktur setzt sich aus Informationen des Nachrichtenkopfes (Absender, Empfänger, Betreff, etc.) zusammen, der Inhalt des Nachrichtentextes ist jedoch ohne Datenstruktur (vgl. *Tutanch* 2017). Mit Big Data Analytics ist der Analyseprozess dieser großen Datenmengen beschrieben. Die Analyse hat das Ziel, Nutzen aus den Daten zu generieren. Häufig wird diese Technologie von Unternehmen eingesetzt, um Markttrends, Kundenpräferenzen und bisher unentdeckte Zusammenhänge aufzuspüren (vgl. *Schön* 2016, S. 312-313).

Der Begriff „Internet der Dinge" – auch als „Internet of Things" (IoT) bekannt – beschreibt die Vernetzung von Gegenständen über das Internet. Mit Gegenständen sind Maschinen, Fahrzeuge, Haustechnik, Sensoren, Smartphones, Wearables, etc. gemeint. Diese Gegenstände – oft als Devices bezeichnet – werden miteinander vernetzt, um weitere, zusätzliche, meist dem Menschen dienliche Aufgaben erfüllen zu können (vgl. *Andelfinger/Hänisch* 2015, S. 9). Bereits heute sind 11 Milliarden Geräte im IoT vernetzt. Bis 2020 wird davon ausgegangen, dass 20,4 Milliarden vernetzte Geräte existieren werden (vgl. *Statista* 2018b). Dass das Smartphone heute und zukünftig als digitaler Coach in allen Lebenslagen fungieren wird, haben Trendforscher bereits vor Jahren vorhergesagt. Auch im IoT nimmt es eine zentrale Schlüsselfunktion ein. Über das Smartphone können sämtliche Dinge gesteuert, zusammengeführt und koordiniert werden. Experten gingen bereits vor einigen Jahren davon aus, dass das Smartphone als umfassender digitaler Assistent fungieren wird. „Sie werden von unserem Verhalten, unseren Vorlieben, lernen, und sie werden Daten unterschiedlichster Herkunft zueinander in Beziehung setzen und somit neue Daten und Informationen – und Entscheidungen – erzeugen" (*Andelfinger/Hänisch* 2015, S. 4). Zukünftig könnte der digitale Assistent dem Menschen mehr und mehr Entscheidungen abnehmen. Durch die Vernetzung im IoT könnte diese Vision zur Realität werden (vgl. *Andelfinger/Hänisch* 2015, S. 4-5).

Robotik bezeichnet die interdisziplinäre Wissenschaft, die mit der Entwicklung, Konstruktion und dem Betrieb von Robotern in Verbindung steht. Sie hat Berührungspunkte zur Informatik, zur Elektrotechnik und zum Maschinenbau. Hierzu gehören Industrieroboter, zum Beispiel aus der Automobilindustrie, aber auch dem Menschen ähnliche Roboter, sog. Humanoide. Sie übernehmen menschenähnliche Aufgaben, arbeiten mit dem Menschen zusammen und passen sich individuellen Aufgaben an. Der Bereich der Robotik überschneidet sich mit dem Bereich der KI. Da es sich bei Robotern um physikalisch diskrete Einheiten handelt, wird ihnen eine eigene Intelligenz zugeschrieben, die allerdings durch ihre Programmierung und ihre Fähigkeiten eingeschränkt ist (vgl. *Gentsch* 2018, S. 40). Robotic Process Automation (RPA) ist die Möglichkeit der Handhabung und Optimierung von regelbasierten Geschäftsprozessen mittels Software-Robotern. Größtenteils können Routineaufgaben an die Software-Roboter übergeben werden, diese entlasten somit Mitarbeiter von einfachen wiederkehrenden Aufgaben. Die Integration erfordert keine grundlegenden Änderungen an der IT-Infrastruktur. Die Software arbeitet über existierende User Interfaces in der Anwendung und verrichtet vordefinierte Abläufe. Je nach Ausbaustufe und Intelligenz der Software lassen sich drei Automatisierungstypen unterscheiden: Der erste Automatisierungstyp ist Robotic Desktop Automation (RDA). RDA läuft auf dem Arbeitsdesktop des Anwenders. In der Regel kann der User seine Arbeit während der Automatisierung nicht parallel fortsetzen. Robotic Process Automation (RPA) ist der zweite, skalierbare Automatisierungstyp. RPA ist ein Multi-Skill-Roboter, der mehrere Prozessabläufe „versteht" und autark im Desktop-Hintergrund arbeitet. Der dritte Automatisierungstyp, Intelligence Process Automation (IPA), verarbeitet auch unstrukturierte Daten durch Komponenten der KI (zum Beispiel Machine Learning (ML)) (vgl. *Emamjomeh/Krüger* 2017, S. 13; *Another Monday Service GmbH Deutschland* 2018, S. 2).

Blockchain ist eine weitere Technologie, die relevant im Hinblick auf vertrauensvolle Transaktionen für den Finanzsektor ist. Sie hat durch Geldeinheiten in digitaler Form (Kryptowährungen), wie zum Beispiel Bitcoin oder Ethereum, seit 2008 großen Bekanntheitsgrad erlangt und basiert auf dem Bitcoin-Modell von Satoshi Nakatomo (vgl. *Brühl/Dorschel* 2018, S. 263-264).

Das Prinzip einer Blockchain besteht in der Speicherung von Transaktionen (zum Beispiel Überweisungen, Verkäufe, etc.) in einem Datenblock.

Diese Speicherung erfolgt dezentral ohne Intermediäre, wie Kreditinstitute oder Behörden. Diesen Prozess übernimmt ein weltweit verteiltes System aus einzelnen Rechnern. Jeder Rechner in diesem Netzwerk erhält eine gänzliche Kopie aller Transaktionen. Alle Computer arbeiten unter gleicher Berechtigung. Die Transaktionen werden auf allen Rechnern gespeichert und können von allen Teilnehmern des Netzwerkes eingesehen werden; sie können von ihnen jedoch nicht verändert werden. In einer Art digitalem Kassenbuch wird so jede Transaktion in einem Datenblock gebündelt und mit dem Datenblock der letzten Transaktion verschmolzen. Es entsteht eine Kette von Datenblöcken, die alle Transaktionen transparent, lückenlos und nahezu nicht-manipulierbar verbindet. Durch diese Verkettung wächst der Datenbestand sukzessive an. In einer Blockchain sind diverse Sicherheitsmechanismen implementiert, um Manipulationen zu vermeiden. Die einzelnen Netzwerk-Rechner prüfen im Vorfeld, ob eine Transaktion rechtmäßig ist. Die Transaktion wird ausgeführt, wenn die Mehrzahl der Rechner zustimmt, anderenfalls kommt es zu einer Verweigerung. Eine Manipulation wäre diesbezüglich nur mit einer großen Rechnerkapazität denkbar. Für Unveränderbarkeit bei der Generierung und Codierung der Datenblöcke sorgen verschiedenste, integrierte Schutzmechanismen (u.a. der Secure Hash Algorithm SHA256). Die als sicher geltende Technologie Blockchain stößt momentan auf große Einsatzszenarien bei Finanztransaktionen, da sie, zumindest theoretisch, zu mehr Transparenz bei gleichzeitig geringeren Transaktionskosten beitragen kann (vgl. *Jähnichen* 2018; *Schiller* 2018). Alle wirtschaftlichen Transaktionen, die von Wert sind, ließen sich so in einem digitalen Hauptbuch erfassen und in Echtzeit digital verifizieren bzw. abgleichen. Es könnte somit eine Aufzeichnung sämtlicher Werte geben, wie Geburts- und Sterbeurkunden, Eigentumsnachweise, Bildungsabschlüsse, Patientenakten, Versicherungsfälle, Gutachten, Wahlen, Herkunft von Lebensmitteln und weitere (vgl. *Tapscott, D./Tapscott, A.* 2018, S. 24-25).

Eine weitere Technologie der Digitalisierung, die besonders großes Potenzial für den Finanzsektor birgt, stellt der Bereich der KI dar. Mit dieser Technologie lassen sich Unternehmensprozesse und bestehende Anwendungen deutlich verbessern und sogar neu entwickeln. Mit KI lassen sich selbstlernende, anpassungsfähige Systeme beschreiben, die mit Hilfe von Anwendungen der Spracherkennung oder Robotik in der Lage sind, sich annähernd menschliches Verhalten anzueignen (vgl. *Tata Consultancy Services (TCS) Deutschland GmbH/Bitkom Research GmbH* 2017, S. 25). Im folgenden Kapitel 2.3 wird diese Technologie genauer beschrieben, da sie bei der Betrachtung des digitalen Finanzberaters eine zentrale Rolle einnimmt.

2.3 Künstliche Intelligenz als Technologie der Digitalisierung

Für den Begriff Intelligenz existiert keine allgemeingültige Definition. Doch die Basisaussage aller Definitionsversuche lautet, dass intelligent ist, wenn der Mensch fähig ist, zweckvolles Handeln aus abstraktem und vernünftigem Denken abzuleiten (vgl. *Gentsch* 2018, S. 17).

KI (Englisch: Artificial Intelligence (AI)) ist das Gegenteil von menschlicher, natürlicher Intelligenz. Es ist ein Teilgebiet der Informatik und bezeichnet als Überbegriff alle Technologien, die im Zusammenhang mit der Erbringung von Intelligenzleistungen künstlicher Systeme verwendet werden (vgl. *Petereit* 2016). KI ist kein neuer Bereich, die Auseinandersetzung mit diesem Thema begann bereits in den sechziger Jahren, jedoch waren die zur Verfügung stehenden Technologien noch nicht in der Lage, KI wirklich erfolgreich auszuführen. Mit den über die Jahre entwickelten Systemen lassen sich die Methoden von KI heutzutage viel besser umsetzen und eröffnen ein neues Nutzenpotenzial für die Geschäftswelt. KI fußt meist auf Big Data Analytics. Wie in Kapitel 2.2 erwähnt, werden die immens ansteigenden Daten von Algorithmen, in diesem Fall von selbstlernenden Systemen, analysiert. Durch diese Vorgehensweise kann aus Daten Mehrwert geschaffen werden. KI ermöglicht es, durch innovative Learning- und Analytics-Verfahren in Kombination mit Big-Data-Technologien, die Analyse der Daten auf ein höheres Level zu heben und selbstständig lernende Systeme zu erschaffen (vgl. *Gentsch* 2018, S. 13-16).

Es wird zwischen starker und schwacher KI unterschieden. Ist eine Maschine grundsätzlich fähig, all das zu bewältigen, was ein Mensch kann, wird von starker KI (Englisch: Artificial General Intelligence (AGI)) gesprochen. Dieses Konzept ist bisher praxisfern und hat bis zum heutigen Zeitpunkt nur eine philosophische Ebene erreicht. Die Übertragung von einzelnen Fähigkeiten des Menschen auf Maschinen wird als schwache KI (Englisch: Artificial Narrow Intelligence (ANI)) bezeichnet (vgl. *Petereit* 2016).

Im Folgenden werden die einzelnen Teilbereiche der KI näher erläutert und eingegliedert:

Kognitive Systeme

Kognitive Systeme können natürlichen Ursprungs – wie beim Menschen – oder künstlichen Ursprungs sein (vgl. *Schmid* 2015, S. 9-10). Ein künstliches kognitives System (Cognitive Computing) ist eine Verknüpfung aus verschiedenen KI-Subsystemen. „Kognitive Systeme sind Plattformen, die mit natürlicher Sprache umgehen können und über Fachwissen verfügen, sodass sie Inhalte verstehen, bewerten und erlernen können" (*Matzer* 2017, S. 3). Bei Cognitive Computing geht es darum, komplexe, unstrukturierte Daten zu verarbeiten und daraus zum Beispiel Bilder, Videos, Gesichter oder Gesten zu erkennen. Vier Merkmale zeichnen ein ausgereiftes kognitives System aus: Adaptivität, Interaktivität, Iterativität und Kontextualität. Das System kann also adaptieren, interagieren, sich an eine Lösung schrittweise annähern und einen komplexen Kontext einordnen. Künstliche kognitive Systeme beinhalten die Disziplinen ML und Deep Learning (vgl. *Matzer* 2017, S. 3).

Maschinelles Lernen (Machine Learning)

Schwache KI kann in der Praxis durch ML umgesetzt werden. ML bezeichnet mathematische Verfahren „in denen ein Algorithmus/eine Maschine durch Wiederholen einer Aufgabe lernt, diese bezüglich eines Gütekriteriums immer besser auszuführen" (*Fraunhofer-Gesellschaft e.V.* 2017, S. 6). Der Algorithmus verändert sich dabei nicht, sondern baut eine Entscheidungsstruktur auf Basis vorhandener Ausgangsdaten auf. Neue Daten beeinflussen diese Entscheidungsstruktur, deshalb wird vom „Trainieren" des Algorithmus gesprochen (vgl. *Selz* 2018). Es wird somit für Systeme möglich, Wissen aus Erfahrungen zu generieren. Auch der Bereich Predictive Analytics gehört im weitesten Sinne zum ML.

Beim ML werden verschiedene Arten des Lernens unterschieden. Überwachtes Lernen (Supervised Learning) wird durch klar definierte Grenzen bestimmt, d.h. dass zusätzlich zum Basisdatensatz die richtigen Möglichkeiten der Antworten vorliegen. Ziel ist es, die Relationen zwischen Input- und Outputdaten sichtbar zu machen. Regressionsanalysen und Klassifizierungen sind mögliche Einsatzgebiete für diese Lernmethode. Beim nicht überwachten Lernen (Unsupervised Learning) werden dem System keine im Vorfeld festgelegten Antwortoptionen zur Verfügung gestellt. Das System soll selbstständig aus den vorliegenden Daten darin enthaltene Muster, Beziehungen und Cluster generieren. Beispiele für den Einsatz bilden Kunden- und Marktsegmentierungen. Verstärkendes Lernen (Reinforcement Learning) ist eine Methode, bei der natürliche Lernmuster als Konzept nachempfunden werden. Hierbei werden dynamische Programmierung und überwachtes Lernen miteinander kombiniert. Eine Lösung wird dabei durch Trial-and-Error gefunden, da keine optimale Lösung von vornherein vorgegeben wird. Durch ein Belohnungs- und Bestrafungssystem werden gute Lösungsansätze unterstützt (vgl. *Gentsch* 2018, S. 37-38). „Durch verstärkendes Lernen erlangen Künstliche Intelligenzen also die Fähigkeit, selbstständig neue Lösungswege zu finden und zumindest scheinbar intuitiv zu handeln" (*Gentsch* 2018, S. 39).

Deep Learning

Deep Learning arbeitet mit künstlichen neuronalen Netzen und stellt einen Unterbereich des ML dar. Bei Deep Learning handelt es sich um eine Lernmethode der Maschine, die durch neuronale Netze zur Erkennung von Strukturen fähig ist, „diese Erkennung zu evaluieren und sich in mehreren vorwärts wie rückwärts gerichteten Durchläufen selbständig zu verbessern" (*Petereit* 2016). Deep Learning basiert auf statistischer Datenanalyse. Die steigende Verfügbarkeit von Big Data ermöglicht es, den neuronalen Netzen große Datenmengen zum Initialtraining zur Verfügung zu stellen. Durch die ständige Anwendung lernt die Maschine selbstständig hinzu, der Nutzen von Deep Learning steigt dadurch immens (vgl. *Petereit* 2016).

Künstliche neuronale Netze

Rechnerknoten (Nodes) (vgl. *Matzer* 2017, S. 7) oder auch Informationsverarbeitungseinheiten (Neuronen) bilden die Grundlage für ein neuronales Netzwerk. Über diese Knotenpunkte, ähnlich zu den Neuronen im menschlichen Gehirn, werden Informationen weitergegeben und übertragen. Kommt KI zum Einsatz wird von künstlichen neuronalen Netzen gesprochen. Die Neuronen befinden sich auf verschiedenen Ebenen (Layern) und sind miteinander über (simulierte) Leitungen verbunden. Es besteht zwischen allen Neuronen von zwei aufeinanderfolgenden Schichten immer eine Verbindung. Dabei wird von Eingabe-, Zwischen- und Ausgabeschichten gesprochen. Von der Eingabeschicht erreichen Informationen die Zwischenschicht(en), dort werden sie weiterverarbeitet und von da aus werden sie über die Ausgabeschicht wieder freigegeben. Die Anzahl der Zwischenschichten ist unbegrenzt und das künstliche neuronale Netz wird umso tiefer, je mehr Zwischenschichten existieren. Daher auch der Begriff Deep Learning, der häufig synonym verwendet wird. Die Ausgabeschicht stellt die letzte Schicht eines künstlichen neuronalen Netzes dar und enthält die Informationen der Datenverarbeitung. Je tiefer das Netzwerk ist, desto mehr Rechenleistung muss aufgebracht werden (vgl. *Moeser* 2017; *Honey* 2015). Typische Anwendungsbereiche mit neuronalen Netzen sind Bild-, Sprach-, Muster- und Schrifterkennung, Frühwarnsysteme, Zeitreihenanalysen, Wirtschaftsmodelle, Sprachsynthese und maschinenbasiertes Übersetzen (vgl. *Tutanch* 2018).

Natural Language Processing

Natural Language Processing (NLP) befähigt Maschinen zur Verarbeitung von Sprache oder geschriebenem Text, die beispielsweise über Automatic Speech Recognition (ASR) erfasst werden. Es ermöglicht, dass Maschinen/Computer auf natürliche Sprache reagieren können, also weit über die allgemeinen Programmiersprachen hinaus. Dabei erfolgt eine Extraktion der Bedeutung des Textes oder eine Erzeugung von Text, der sprachlich und grammatikalisch korrekt ist. Das reine Verstehen der Wörter stellt kein Problem für eine Maschine dar, jedoch ist das sinnhafte Verstehen des Gesprochenen (Natural Language Understanding - NLU) für Maschinen eine große Herausforderung. Das Problem liegt dabei beispielsweise in der Betonung, in der synonymen Verwendung von Wörtern oder auch in den unterschiedlichen Dialekten. Diese verschiedenen Möglichkeiten machen es der Maschine schwer, dass Gesagte richtig zu interpretieren. Wird ein Computer mit großen Datenmengen trainiert, ist es jedoch wahrscheinlicher, dass der Computer die richtige, sinnhafte Bedeutung des Gesprochenen interpretiert (vgl. *Gentsch* 2018, S. 31-32). Natural Language Generation (NLG) ist ein Bereich von NLP in dem mit Hilfe von ML aus einem Datensatz eine schriftliche oder gesprochene Erzählung erzeugt werden kann. Hierbei werden Datenpunkte mit Kontext versehen. Hochentwickelte NLG-Software kann viele numerische Daten gewinnen, darin Muster identifizieren und die so gewonnenen Informationen in einer menschlich verständlichen Art und Weise ausgeben. Verschiedene Medien benutzen NLG-Roboter-Software schon seit einigen Jahren, um Datensätze in Zusammenhänge zu bringen und daraus Stories zu generieren. Ein Beispiel ist die Erdbebenaufzeichnung in Los Angeles im Jahr 2014. Ein von einem Programmierer entwickelter Algorithmus veröffentlichte die Nachrichtenmeldung innerhalb von nur acht Minuten in der LA Times, inklusive einer Kartenabbildung die das Zentrum des Bebens zeigte (vgl. *Rouse* 2018).

Neben der Reaktion auf natürliche Sprache gehören zum Bereich NLP die optische Zeichenerkennung (Optical Character Recognition (OCR)), Spracherkennung und die automatische Übersetzung von unterschiedlichen Sprachen (vgl. *Petereit* 2016). OCR hat seinen Ursprung in maschinenlesbaren Schriften, die in besonderer Form als Gegenpart zum Strich- bzw. Barcode entwickelt wurde. Hierzu wurden eigens Schriftentypen entworfen und normiert, die zum Beispiel auf Einzahlungsbelegen oder auf alten Schecks als Schecknummern zu finden sind. In Verbindung mit der rasanten technologischen Computerentwicklung geht es heute bei OCR um die Erkennung schriftunabhängiger Texte, d.h. um die intelligente Erkennung von Zeichen und Handschrift. Der Computer verarbeitet dabei Texte, die über einen Einlesestift (Touch Pen) oder einen Scanner als optische Inputs generiert werden. Eine Software speichert die eingelesenen Fragmente als Grafik ab und zerlegt diese in kleinere Grafikbereiche (Grafikzeichen). Diese wiederum werden mit einer vorgegebenen Zeichenmaske abgeglichen und bei Übereinstimmung zum jeweiligen Buchstaben bzw. anderen Zeichen vervollständigt oder ersetzt. Trotz der stetigen Weiterentwicklung dieser Technik und je nach Input und Einlesequalität gibt es auch heute noch einen kleinen fehlerhaften Erkennungsanteil (vgl. *DATACOM Buchverlag GmbH* 2017a; *Chaudhuri et al.* 2017, S.12-15).

Trotz des großen theoretischen Potentials von KI gibt es noch eine relativ geringe Nutzerschaft. Laut einer Umfrage von Tata Consultancy und Bitkom mit 905 Befragten aus Unternehmen unterschiedlicher Branchen aus dem Jahr 2017 nutzen erst sechs Prozent der Unternehmen diese Technologie, 17 Prozent planen bzw. diskutieren Investitionen in KI für ihr Unternehmen (vgl. *Tata Consultancy Services (TCS) Deutschland GmbH/Bitkom Research GmbH* 2017, S. 25). Dies liegt nach aktuellen Gesichtspunkten in der Komplexität der Technologie, der fehlenden Kompetenz und des Fachkräftemangels begründet (vgl. *Heide/Specht* 2018).

KI ist ein komplexes Technologiefeld, welches mit seinen einzelnen Teilbereichen die Grundlage für intelligente Systeme und das Bindeglied zur smarten Interaktion zwischen Mensch und Maschine (Computer) bildet. In diesem Kontext stellt sie die Basis für einen smarten Assistenten im Sinne eines digitalen Finanzberaters im Rahmen dieser Publikation dar.

Die folgende Abbildung stellt die beschriebenen Teilbereiche der KI nochmal im Überblick dar.

Abbildung 1: Überblick Künstliche Intelligenz

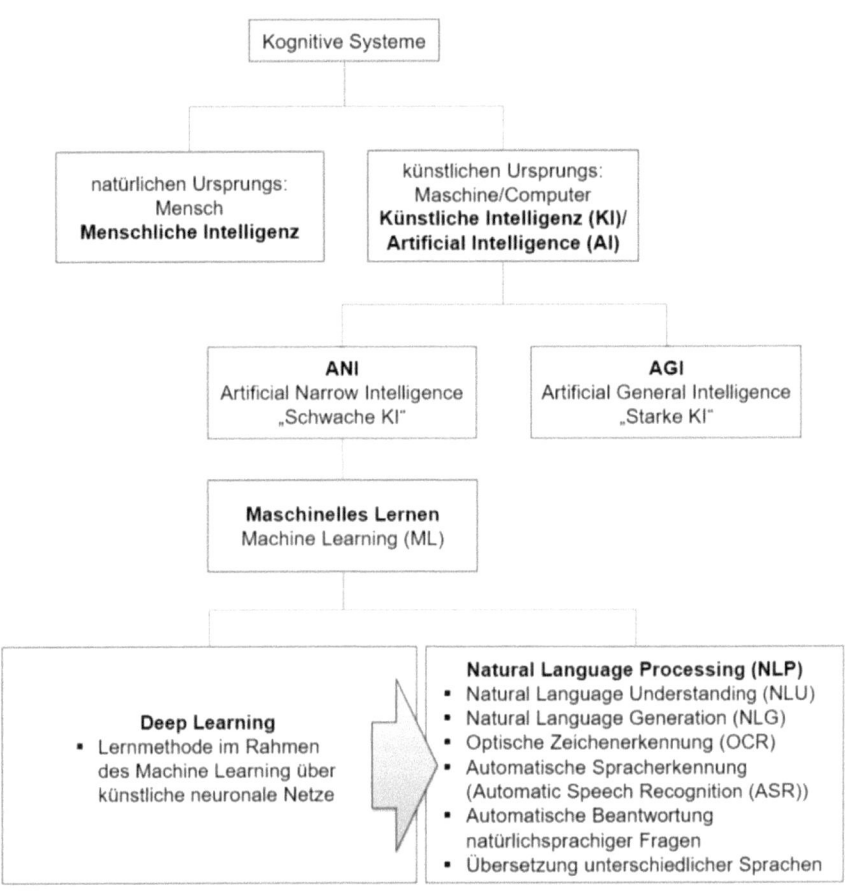

Quelle: Eigene Darstellung in Anlehnung an *Petereit* 2016; *Gentsch* 2018

Chatbots

Oft wird KI mit dem Begriff Chatbot in Verbindung gebracht. Ein Chatbot ist eine Software, die es ermöglicht, eine sinnvolle Kommunikation zwischen Mensch und Roboter bzw. Maschine herzustellen. Die Infrastruktur für die Analyse von geschriebenen oder gesprochenen Texten besteht seit 2008 in der Form von Messenger Apps auf Milliarden Smartphones. Beispiele hierfür sind Amazon Echo, Facebook Messenger, WeChat oder Whatsapp. Dabei chatten Unternehmen mit ihren Kunden über text- und sprachbasierte Bedienelemente, sogenannte Conversational User Interfaces (CUIs). Diese allgemein genutzte Infrastruktur für Dialoge zwischen Unternehmen und deren Kunden hat den Vorteil, dass sie den meisten Nutzern zugänglich und einfach zu bedienen ist. Aus Unternehmenssicht entsteht hier bei der Automatisierung dieser Service-Dialoge das Einsatzszenario von Chatbots. Chatsbots in diesem Sinne existieren bereits seit 1960; zur damaligen Zeit noch in Form eines komplett programmierten Roboters in einem statistischen Bezugsrahmen. Heute werden Chatbot-Systeme mit Dialog-Konversationen zwischen Kunden und Unternehmen angelernt. Aus der Fülle an Informationen muss der Bot via ML präzise und schnelle Antworten, aber auch Fragen, generieren können. Er muss somit den Kunden durch passgenaue Fragestellungen gezielt durch die Interaktion lenken. Ziel für den Bot ist es dabei oft, eine klare Entscheidung und Willenserklärung des Kunden zu erhalten, um weitere Service-Schritte einzuleiten (vgl. *Gentsch* 2018, S. 131-133).

Die Funktionsweise eines Chatbots bzw. digitalen Assistenten stellt sich in neun Schritten dar. Dieser Aufbau bildet die Architektur und die interne Verfahrensweise des Bot-Systems. Die folgende Abbildung zeigt diese Schritte am Beispiel einer Überweisung im Zusammenhang:

Abbildung 2: Vereinfachte Funktionsweise eines Chatbots

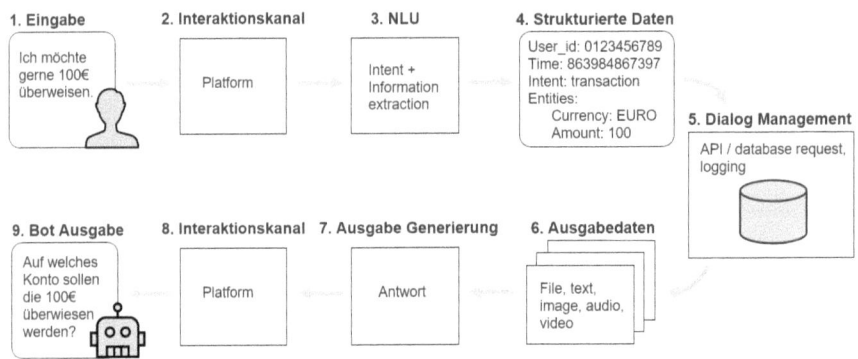

Quelle: Eigene Darstellung in Anlehnung an *Schmeier* 2018

Im ersten und zweiten Schritt wird dem Chatbot zunächst per Texteingabe oder Sprache eine Äußerung des Nutzers (Mensch) formuliert. Hier kommt bereits KI in Form von ASR, also das Verstehen natürlicher Sprache zum Einsatz. Das ASR besteht aus einem komplexen künstlichen neuronalen Netz, welches mit einer Vielzahl verschiedener, gesprochener Texte von unterschiedlichen Sprechern trainiert wird. Die eingesetzte KI-Methode hierfür ist das Deep Learning. Aufgabe des ASR ist es nun die gesprochene Äußerung des Users in maschinenlesbaren Text zu transformieren.

Im dritten Schritt muss das System erkennen, was dieser Text im Gesamt-kontext bedeutet. Dies geschieht über NLU. Dabei werden über eine se-mantische Analyse die Absicht (Intent) und weitere Informationen extra-hiert. In diesem Beispiel geht es also um: Intent=transaction (Überweisung oder Zahlung), Currency=EURO und Amount=100. Es kommen dabei un-terschiedliche Technologien der KI zum Einsatz, u.a. ML, Deep Learning, Grammatik-basierte Formalismen, Extraktion von Informationen sowie an-dere Sub-Prozeduren.

Im vierten Schritt werden die Informationen strukturiert abgelegt und gespeichert, um eine Aktion des Chatbots im fünften Schritt zu erlangen. Dies passiert mit Hilfe von statistischem, dynamischem und dialogischem Wissen. Die Kontoinformationen des Users, Transaktionsregeln, Sicher-heitsbestimmungen, Authentifizierung, etc. sind im statistischen Wissen beinhaltet. Die erkannten strukturierten Daten des aktuellen Dialogs aus dem dritten Schritt sind das dynamische Wissen. Das dialogische Wissen beinhaltet den Dialoggraphen, der bestimmt, welche Informationen zum Ausführen einer bestimmten Aktion erforderlich sind. In diesem Zusammenhang wird von zu füllenden Semantic Frames gesprochen. Der Begriff entspringt der Frame-Semantik, die sich mit der Analyse der Bedeutung von sprachlichen Ausdrücken in Bezug auf das Weltwissen des Sprechers auseinandersetzt. Im Beispiel fehlt die Empfängerkonto-Information. Der Chatbot fragt im nächsten logischen Schritt fünf beim User nach. Wäre das Empfängerkonto in einem vorherigen Dialogschritt bereits vom User genannt worden, wäre diese Information im dynamischen Wissen gespeichert und die Nachfrage nicht notwendig. Die Bereitstellung des statistischen und dialogischen Wissens kann beispielsweise über SQL-Datenbanken, Graph-Datenbanken[2] oder Big-Data-Technologien geschehen.

Im sechsten Schritt werden die Ausgabedaten erstellt; diese werden im siebten Schritt in natürliche Sprache transformiert. Hierbei kommt NLG, also der KI-Bereich „Natürliche Sprachgenerierung" zum Einsatz. Alle Absichten und Informationen in den Daten aus dem sechsten Schritt sollen nun mit Hilfe von NLG in Form von zielgruppengerecht aufbereiteten Texten in natürlicher Sprache formuliert werden.

Im achten Schritt erfolgt die Weiterleitung des formulierten Ergebnisses aus Schritt sieben je nach Interaktionskanal an den User. Für Chatbots bzw. digitale Assistenten, die auf Sprache basieren, geschieht hier die Synthese von natürlicher Sprache über ein Text-to-speech-System (TTS). Hier wiederum werden KI-Methoden des ML bzw. Deep Learning angewendet (vgl. *Schmeier* 2018).

Der Chatbot hat sich von einem „einfachen" digitalen Tool für generische Kundenanfragen und Frequently Asked Questions (FAQ) zu einem System weiterentwickelt, welches durch kontinuierliches Lernen mit Hilfe von ML und NLP schon eine Plattform für Gesprächsanalysen darstellt. Es analysiert strukturierte und unstrukturierte Daten (zum Beispiel Reviews, Social-Media-Kommentare oder E-Mails) in hohem Volumen und in großer Geschwindigkeit. Somit werden durch Konversationsanalysen Echtzeit-Einblicke für Entscheidungsfindungen generiert. Seit Ende 2017 wird ein Chatbot oft auch als Digital Assistant (Apples Siri, Amazons Alexa, Microsofts Cortana oder Googles Assistant) bezeichnet. Er kann Maßnahmen selbst initiieren und mehrschichtige Aufgaben verarbeiten. Einige dieser

---

[2] Graph-Datenbanken sind grafisch-orientierte Datenbanken aus gespeicherten Knoten (zum Beispiel eine Person) und Kanten (Verbindung zwischen zwei Knoten). Sie dienen zur Analyse von Beziehungen und Zuordnung von Abfragen, u.a. für Data Mining (vgl. *DATACOM Buchverlag GmbH* 2017b).

Maßnahmen und Ausführungen sind zum Beispiel das Buchen von Meetings oder das Bestellen bestimmter Artikel basierend auf Sprach- oder Textkommandos (vgl. *PricewaterhouseCoopers* 2017a). Die „allwissenden", digitalen Assistenten stehen dem Nutzer als allgegenwärtige Helfer zur Verfügung.

Im Hinblick auf den Finanzsektor könnten Chatbots bzw. digitale Assistenten stärker in den Fokus zur Übernahme der Rolle des digitalen Finanzberaters rücken. Sie erscheinen als mögliches digitales Szenario eines Finanzberaters auf mobilen Endgeräten. Aus diesem Grund sollen im folgenden Kapitel die Themenfelder Digitalisierung und künstliche Intelligenz speziell im Finanzsektor näher beleuchtet werden.

3 Digitalisierung und künstliche Intelligenz im Finanzsektor

Das folgende Kapitel adressiert im Speziellen die Digitalisierung und den Einsatz von KI im Finanzsektor. Diese Ausführungen bilden die Grundlage für die weiterführenden Untersuchungen eines digitalen Finanzberaters in den darauffolgenden Kapiteln.

3.1 Finanzsektor im Wandel

Wird die Volkswirtschaft in Gänze betrachtet, so gliedert sie sich in Finanzsektor und Realwirtschaft. Menschen wirtschaften, um ihre realen Lebensbedingungen zu optimieren. Dies ist die Umschreibung der Realwirtschaft. In ihr entstehen 95 Prozent der Wertschöpfung durch Unternehmen aus der Landwirtschaft sowie Bau-, Industrie- und Dienstleistungsunternehmen oder durch den Staat. Im Finanzsektor hingegen entstehen ca. fünf Prozent der Wertschöpfung. Er umfasst alle Institutionen, deren hauptsächliche Aktivitäten sich auf Finanzaktiva beziehen. Hierzu zählen Kreditinstitute mit der Kreditvergabe und Einlagenannahme, Versicherungsunternehmen mit der Absicherung von Risiken, Finanzmärkte mit dem Handel von Finanztiteln, aber auch hoheitliche Institutionen, wie die Europäische Zentralbank und die Deutsche Bundesbank. Jede wirtschaftliche Entscheidung hat zumeist auch eine finanzielle Dimension und unterstreicht somit die Wichtigkeit des Finanzsektors (vgl. *Gischer/Herz/Menkhoff* 2012, S. 1-3).

Der Finanzsektor unterliegt verschiedenen Einflussfaktoren, die starke Auswirkungen auf den Sektor mit sich bringen. Das Verhalten der Kunden, die Finanzdienstleistungen in Anspruch nehmen, hat sich geändert und neue digitale Technologien beeinflussen den Sektor massiv (vgl. *Everling/Lempka* 2016, S. 5). In den Jahren 2000 bis 2015 wurden 27 Prozent der Bankfilialen in Deutschland abgebaut. Unter Annahme einer gleichbleibenden Entwicklung könnten bis zum Jahr 2035 in etwa 60 Prozent der Bankfilialen geschlossen sein (vgl. *Schwartz et al.* 2017, S. 1, 3). Bei einer bevölkerungsrepräsentativen Umfrage mit 1.000 Personen vom Oktober 2017 wurde deutlich, dass Direktbanken immer beliebter werden. Bereits die Hälfte der Befragten sind Kunden dieser Banken. Zwei Drittel der Befragten, die kürzlich die Bank wechselten, haben sich für eine Direktbank entschieden (vgl. *norisbank GmbH* 2018).

Ein Großteil der Kunden zeigt sich demnach grundsätzlich offen gegenüber neuen technologischen Angeboten für die eigenen Finanzgeschäfte.

Die zunehmende Verfügbarkeit von mobil nutzbaren Finanzinstrumenten und die Etablierung des Onlinebankings sorgen für eine Erosion des traditionellen Geschäftsmodells der klassischen Finanzdienstleister.

Seit wenigen Jahren spielen hier die sogenannten FinTech-Unternehmen (Finance-and-Technology-Unternehmen) eine entscheidende Rolle. FinTechs sind Unternehmen, die ursprünglich nicht aus dem Finanzsektor stammen. Sie stellen finanzielle Services unter Nutzung modernster Technologie bereit und wollen so, durch die Kombination von Technologie und innovativen Geschäftsprozessen, Dienstleistungen im Finanzbereich revolutionieren. Damit greifen sie stark in den Markt bereits bestehender Geschäftsmodelle im Finanzsektor ein. Hauptziel einer Vielzahl von FinTechs ist das Schließen von Geschäftsmodelllücken bei bestehenden Banken oder Finanzdienstleistern. Andere FinTechs möchten bestehende Geschäftsmodelle dagegen komplett durch eigene substituieren. Ein Beispiel hierfür ist der Dienst barzahlen.de, welcher durch die Kasse im Supermarkt den klassischen Bankschalter ersetzt. Über verschlüsselte Codes können Rechnungen bezahlt, Geld eingezahlt oder abgehoben werden (vgl. *Meyer* 2016a, S. 104-108).

Ähnliche Ansätze gibt es beispielsweise auch in der Versicherungsbranche, bei der sogenannte InsurTechs (Insurance-Technology-Unternehmen) einen zunehmenden Wettbewerbsdruck aufbauen (vgl. *Tiberius/Rasche* 2017, S. 186).

Um in Zukunft die Kundenbindung wieder zu stärken, müssen „klassische Banken" nicht nur umdenken, sondern grundlegende Geschäftsprozesse in Frage stellen und neugestalten. Das Banking der Zukunft wird durch eine technologische, interne Umstrukturierung der Banken und ein innovatives, digitales und smartes Ansprechen der Kunden charakterisiert. Die hybriden, „digitalen Kunden" müssen mit flexibleren Geschäftsmodellen und kundennahen Frontends digitaler Lösungen bedient werden (vgl. *Everling/Lempka* 2016, S. 5).

Die aktuellen Rahmenbedingungen (Niedrigzinsmarkt) erschweren zudem das Agieren im Wettbewerbsumfeld deutlich. Die klassischen Treue- und Belohnungsmechanismen wie beispielsweise ein Girokonto ohne Kontoführungsgebühren oder eine Wechselprämie von bis zu 150 Euro sind marktüblich und stellen daher keine Differenzierungsmerkmale mehr dar. Auch der Einzelhandel zeigt, dass derartige Instrumente nicht zwangsläufig zu langfristigem Erfolg für die Kundengewinnung führen müssen. Ähnlich ist dies ebenfalls im Finanzsektor. Das Internet und mobile Geräte ermöglichen den Zugriff auf sämtliche Informationen zu Finanzprodukten von jedem Ort und zu jeder Zeit. Das Alleinstellungsmerkmal des Bankberaters ist in dieser Hinsicht somit nicht mehr existent. Das unbegrenzte Vertrauen in die Beratungsleistung der Banker und in das Bankensystem scheint nicht mehr vorhanden zu sein (vgl. *Everling/Lempka* 2016, S. 6).

Seit Anfang 2018 regelt die neue Zahlungsverkehrsdirektive Payment Service Directive 2 (PSD2) die Bereiche Online und Mobile Banking. PSD2 löst die PSD von 2007 als erweiterte Richtlinie für Zahlungsdienste in der Europäischen Union (EU) ab. Diese Richtlinie umfasst eine Vorschrift für Finanzinstitute, dass diese Drittanbietern wie zum Beispiel Payment Services (Apple Pay, paydirekt oder PayPal) Zugang zu ausgewählten Kontodaten gewähren müssen, mit Kundeneinverständnis. Aus technischer Sicht müssen Kreditinstitute Drittanbietern Schnittstellen, sogenannte offene Application Programming Interfaces (open APIs), zur Verfügung stellen, über die die Drittanbieter diese Daten abrufen können (vgl. *Deutsche Bank Gruppe* 2018). Klassische Finanzdienstleistungsunternehmen müssen sichere Schnittstellen zu ihren IT-Systemen gewährleisten. Im Vordergrund dieser Richtlinie steht die Förderung von Innovationen, Wettbewerb, Verbraucherschutz und Sicherheit. Dabei sollen vor allem die Zahlungsverkehrskosten gesenkt werden. Die Richtlinie zeigt neue Möglichkeiten und Chancen für klassische Finanzdienstleister auf. Durch die Schnittstelle erhalten Drittanbieter neue Daten. Die Umsetzung dieser Richtlinie und die Bereitstellung dieser Schnittstellen setzt aber wiederum technische und fachpersonelle IT-Ressourcen voraus. Maßnahmen zu Automation, Legacy-Modernisierung und Applikationsintegration haben einen hohen Stellenwert in den IT-Infrastruktur-Landschaften der Banken (vgl. *Niehoff/Hirschmann* 2017, S. 150).

3.2 Status Quo der Digitalisierung des Sektors

Studien zufolge beschäftigen sich Banken im Durchschnitt nach eigener Aussage seit rund fünf Jahren mit der Digitalisierung ihres Unternehmens. Den Direktbanken kommt hierbei eine besondere Rolle zu, da diese sich nach eigenen Angaben seit ca. 15 Jahren und damit schon weitaus länger mit dem Thema beschäftigen. Diese Angabe ist nicht überraschend, da die digitalen Technologien maßgebend für das Kerngeschäftsmodell dieser Banken sind (vgl. *Rossmann/Vejseli* 2017, S. 20).

Laut einer Studie von Tata Consultancy und Bitkom aus dem Jahr 2017, an der Manager aus 905 deutschen Unternehmen ab 100 Mitarbeitern teilnahmen, nutzen Banken und Versicherungen im Vergleich zu anderen Branchen nur durchschnittlich häufig digitale Technologien. Cloud Computing und Big Data Analytics sind am häufigsten im Einsatz, wobei die Nutzung von Big Data Analytics mit 36 Prozent leicht unterdurchschnittlich im Vergleich zum Gesamtergebnis aller befragten Branchen ist.

KI ist nur bei drei Prozent und Blockchain nur bei zwei Prozent im Sektor Banken und Versicherungen im Einsatz. Die Hälfte aller befragten Unternehmen gab an, eine Portfolioerweiterung mit digitalen und virtuellen Services anzustreben (vgl. *Tata Consultancy Services (TCS) Deutschland GmbH/Bitkom Research GmbH* 2017, S. 49).

Ein Beispiel für eine bereits fortgeschrittenere digitale Transformation im Finanzsektor auf internationaler Ebene ist die Adoption der Blockchain-Technologie. Die Adoption dieser Technologie in einem Großteil der Finanzinstitute wird, laut einer Studie von EdgeVerve, von ca. 50 Prozent der befragten, regionalen und multinationalen Finanzinstitute im Jahr 2020 gesehen. Ein Teil der Finanzinstitute experimentiert bereits in Projekten mit zugangsbeschränkten Blockchains – also eine Art „Inter-Bank-Blockchain" unter Banken (vgl. *EdgeVerve Systems Limited* 2017, S. 5).

Im Kontext dieser Adoption stellt Brickblock eine Lösung dar, welche es Kleinanlegern ermöglicht, über die Ethereum-Blockchain Immobilienanteile zu übertragen. Hierbei werden Ethers des Nutzers in virtuelle Anteilsscheine gewandelt. Über sogenannte Smart Contracts bleibt der Anteilsschein mit Brickblock verbunden. Der Anteilseigner kann seine Anteile jederzeit zu geringen Kosten verkaufen, vorausgesetzt es ist eine kaufbereite Gegenpartei vorhanden (vgl. *Schüppler* 2018).

Die Hongkong and Shanghai Banking Corporation (HSBC) und die International Netherlands Group (ING) haben im Mai 2018 die weltweit erste kommerzielle Handelsfinanzierungstransaktion per Blockchain vollzogen. Das Handelsgeschäft bestand aus einer Lieferung von Lebensmitteln von Argentinien nach Malaysia. HSBC hat das Geschäft für den amerikanischen Lebensmittel- und Landwirtschaftskonzern Cargill in Partnerschaft mit der niederländischen ING Bank abgewickelt. Für den Austausch wurde die im R3-Konsortium[3] entwickelte Blockchain-Technologie verwendet (vgl. *Selby-Green* 2018).

---

[3] R3 ist ein Konsortium aus über 200 Unternehmen verschiedener Branchen, für die Erforschung und Entwicklung von Blockchain-Applikationen für die Finanz- und Handelsindustrie (vgl. *Handelsblatt GmbH* o.A. 2018).

Wird der Einsatz von KI im Finanzsektor in Deutschland betrachtet, ist diese Technologie, wie bereits erwähnt, noch wenig verbreitet. In einer Studie der Sopra Steria SE, einem Consulting-Unternehmen aus Hamburg, wurden insgesamt 203 Geschäftsführer, Vorstände und Führungskräfte im Bereich Business Development in deutschen Unternehmen ab 500 Mitarbeitern zur Anwendung bzw. zum Potenzial von KI in ihrer Branche befragt. Davon waren 86 Teilnehmer aus der Finanzdienstleistungsbranche. Die am häufigsten eingesetzte Entwicklung ist demnach RPA als Überschneidungsbereich zu KI: hier gab ein Viertel der Befragten an, diese Technologie einzusetzen (vgl. *Sopra Steria SE* 2017, S. 18).

Im Zusammenhang mit RPA tritt Robo Advisory durch FinTechs in das digitale Geschäftsmodell der Anlageberatung. Robo Advice ist eine automatisierte Anlageberatung und in Deutschland aus regulatorischer Sicht eine erlaubnispflichtige Finanzdienstleistung. Die Aufsichtsbehörde muss den FinTechs den Einsatz dieser Technologie erlauben (nach §32 KWG). Mit Hilfe eines Online-Fragebogens werden Risikobereitschaft, Handelserfahrungen, etc. des Interessenten ermittelt; auf Basis dieser Daten erstellt ein programmierter Algorithmus zusammen mit einem Scoring-System ein individuelles Chance-Risiko-Profil. Dieses Profil bildet die Basis für die Anlageempfehlungen und -strategien des Robo Advice. Hierbei kommen meistens standardisierte und passive Finanzprodukte für die Umsetzung zum Tragen. Es ist eine Online-Finanzmanagement-Dienstleistung, die menschliche Interaktion wird minimal gehalten. Robo Advice hat zum Ziel, die Dienstleistung eines klassischen Finanzberaters zu digitalisieren und somit Verwaltungs- und Transaktionskosten sowohl für Kunden als auch für die Finanzdienstleister zu reduzieren (vgl. *Niehoff/Hirschmann* 2017, S. 275). Wie in Kapitel 3.1 beschrieben, haben sich auch hier in jüngster Vergangenheit Kooperationen zwischen Kreditinstituten und FinTechs gebildet, um voneinander zu profitieren. Einerseits liefert die Bank die Lizenz, um Anlageberatung durchzuführen, und andererseits stellt das FinTech-Unternehmen das technologische Knowhow und die technische Finanzlösung zur Verfügung.
Robo Advice wird in Deutschland am häufigsten in der Form der digitalen Vermögensverwaltung angeboten. Der User trifft bei dieser Art keine eigene Entscheidung über Kauf oder Verkauf der Assets, nachdem er einen Anlagevorschlag angenommen hat. Der Robo Advisor übernimmt die operative und taktische Gestaltung der Geldanlage (vgl. *Bahlinger* 2018).

Im Gegensatz zum Einsatz von RPA als bisher meist eingesetzte Technologie, gibt etwa die Hälfte der Befragten aus der Sopra Steria Studie an, dass aktuell keinerlei KI-basierte Lösungen im eigenen Unternehmen eingesetzt werden. Damit steht der Finanzdienstleistungsbereich noch am Anfang beim Einsatz von KI-Entwicklungen. Innerhalb der Finanzbranche wird die geringe Durchdringung von KI-Lösungen oftmals mit noch zu unausgereiften Technologien begründet. Dies bestätigt die Hälfte aller Befragten der Finanzdienstleistungsbranche in der oben genannten Studie. Darüber hinaus stellen Datenschutzbedenken mitunter sehr große Herausforderungen für Finanzdienstleister beim KI-Einsatz dar. Große Barrieren sind zudem, auch im Finanzsektor, das fehlende Verständnis für KI und geringes Knowhow der Mitarbeiter für diese Technologie (vgl. *Sopra Steria SE* 2017, S. 18, 48).

In einer weiteren internationalen Studie der GFT Group vom Oktober 2017 wurden 285 Entscheidungsträger für digitale Transformation aus Banken mit mindestens 500 Mitarbeitern in acht Ländern befragt. Auch auf internationaler Ebene sehen 83 Prozent der Befragten zumindest einen Nutzen in der KI für ihre Bank, aber nur 17 Prozent halten KI für strategisch wichtig (vgl. *GFT Group* 2017, S. 6, 29).

Der Einsatz verschiedener KI-Technologien auf internationaler Ebene ist bereits fortgeschrittener als in Deutschland und wird erfolgreich genutzt. Die australische Bank Westpac beispielsweise bietet ihren Kunden seit Mitte 2017 die Möglichkeit eine neue Kreditkarte direkt per Kamera des Smartphones zu aktivieren und setzt dabei auf visuelle Erkennung. Als erste Bank in Großbritannien setzte Santander Mitte 2017 die Option zur Zahlung per Sprachaktivierung (NLP) ein. Barclays und First Direct nutzen für die Authentifizierung ihrer Kunden im Telefon-Banking Stimmerkennung (ASR). In einigen Banken in Japan kommunizieren Roboter in Bankfilialen mit den Kunden und begrüßen sie. Auf Nachfrage können erste Produktinformationen und Terminierungen ausgetauscht werden.

Im Fonds-Bereich basiert zum Beispiel der Hedgefonds Aidyia, gegründet in Hong Kong, ausschließlich auf einer KI die u.a. Satellitenbilder auswertet, um die Auslastung chinesischer Fabriken zu berechnen (vgl. Baron 2018). Alle Handelsgeschäfte am Markt verlaufen dabei ohne Unterstützung des Menschen. Um Millionen Transaktionen pro Tag durchführen zu können, setzen einige Hedgefonds auf komplexe KI-Systeme basierend auf Deep Learning. Durch die Analyse einer Vielzahl von Marktfaktoren in Echtzeit wird so der Hochfrequenzhandel ermöglicht. Das Unternehmen PayPal nutzt zum Beispiel ein KI-System auf Basis von Open Source mit dessen Hilfe verdächtige Transaktionen und Betrugsfälle entdeckt werden können. Das ML-System COIN (Contract Intelligence) der amerikanischen

Bank JPMorgan kann innerhalb weniger Sekunden per Bilderkennung über einen Darlehensantrag entscheiden (vgl. Hintermeier 2017; Singh 2018).

Bei näherer Betrachtung der GFT-Studien-Ergebnisse, wird die größte Implementierungsrate (61 Prozent) von KI-Technologien insbesondere bei intelligenten, virtuellen Kundenassistenten gesehen (vgl. *GFT Group* 2017, S. 6, 29).

In Summe ist festzuhalten, dass bereits einige Service-Ansätze und in Erprobung befindliche Entwicklungen eines digitalen Finanzberaters existieren. Bevor diese – in Kapitel 6 – jedoch näher beschrieben und analysiert sowie mit den Erwartungen bzw. Anforderungen potenzieller Nutzer abgeglichen werden, soll in den beiden folgenden Kapiteln das Design und die Ergebnisse der empirischen Erhebung dargestellt werden, aus der die zu vergleichenden Anforderungen gewonnen werden.

4 Empirische Analyse und Erhebungsdesign

Um die Kundensicht auf die digitale Finanzberatung zu untersuchen wird im Folgenden eine Anforderungsanalyse an einen digitalen Finanzberater in Form einer Online-Befragung durchgeführt. Neben der Eruierung der Anforderungen werden dabei auch die Einstellungen aus potenzieller Anwendersicht ermittelt.

4.1 Erhebungsmethodik Online-Befragung

Die gewählte Erhebungsmethodik der Online-Befragung zählt zu den quantitativen Erhebungsmethoden. Quantitative Erhebungen stützen sich, im Gegensatz zu qualitativen, auf den Gewinn von Erkenntnissen aus einer breiteren Befragungsmasse. Hypothesen sollen bekräftigt oder widerlegt und Forschungsfragen mit Zahlenwerten unterstützt werden (vgl. *Universität Augsburg* 2018). In der vorliegenden Untersuchung sollen die beschriebenen Forschungsfragen mit indikativen Zahlenwerten adressiert werden, um aussagekräftigere Ergebnisse zu erhalten. Des Weiteren wird angestrebt, die Hypothese, dass ein digitaler Finanzberater aus Kundensicht benötigt wird, zu bekräftigen oder zu widerlegen.

Die Online-Methode bietet zahlreiche Vorteile. Neben der schnellen Durchführung und den geringeren Kosten spricht vor allem die Möglichkeit, die Befragung orts- und zeitunabhängig durchführen zu können, für die Online-Befragung. Den Testpersonen wird zudem die Möglichkeit gegeben, die Umfrage zu unterbrechen und zu einem späteren Zeitpunkt an der zuletzt bearbeiteten Stelle wieder aufzunehmen, was die Teilnahmebereitschaft erhöhen soll. Bei der Online-Befragung stehen die erhobenen Daten in Echtzeit zur Verfügung. Somit können bereits Zwischenauswertungen vorgenommen werden, und falls notwendig auch Adaptionen. Es wird außerdem die Möglichkeit für komplexe Filterführungen der Fragen gegeben. Ein wesentlicher Faktor, der für die Online-Methode spricht, ist zudem die gesteigerte Anonymität der Teilnehmer. Das Nichtvorhandensein von Gruppendynamik und Interviewer-Effekten führt dazu, dass der Teilnehmer nicht so sehr beeinflusst wird und ein Antwortverhalten basierend auf sozialer Erwünschtheit reduziert wird. Letztendlich resultiert dies in einem ehrlicheren Antwortverhalten und einer besseren Datenqualität (vgl. *Theobald* 2017, S. 25, 377).

Den Vorteilen der Online-Methode stehen allerdings auch einige Schwächen gegenüber. So besteht keine Möglichkeit Rückfragen an die Teilnehmer zu stellen oder persönlich mit Ihnen zu interagieren. Auch kann die Identität der Teilnehmer nur schwer oder gar nicht überprüft werden (vgl. *Theobald* 2017, S. 25). Die Online-Methode ist unter forschungsökonomischen Gesichtspunkten eine beliebte Methode, da sie mit möglichst geringem zeitlichem und finanziellem Aufwand erste quantifizierbare Erkenntnisse zum Forschungsthema liefern kann.

Die Methodenauswahl erfolgt zudem zielgruppenorientiert. Die zu untersuchende Zielgruppe sollte der digitalen Welt offen gegenüberstehen, da der zu untersuchende Themenkomplex diese Zielgruppe impliziert und die Kundenansprache auf eine online-affine Kundengruppe abzielt. Idealerweise gehören die Teilnehmer zu den sogenannten Digital Natives. Dies sind Personen, die bereits seit ihrer Kindheit bzw. Jugend das Internet, Computer und mobile Endgeräte in ihrem täglichen Leben nutzen (vgl. *Weis* 2012). Andere Generationen werden jedoch von der Befragung nicht ausgeschlossen, wenn sie sich ebenfalls als online-affin einschätzen.

Zur Programmierung der Online-Erhebung wurde das Online-Tool von Umfrageonline.com (Student Account) gewählt. Die zur Erstellung des Fragebogens benötigten Rahmenbedingungen (Filterführungen, unlimitierte Antwort-, Fragen-, Teilnehmeranzahl, umfangreiche Fragetypen, etc.) werden durch das angegebene Tool abgedeckt. Einerseits lässt es großen Konfigurations- und Anwendungsspielraum zu und andererseits wird beispielsweise bereits ein Responsive Web Design (RWD) vorprogrammiert zur Verfügung gestellt. Das bedeutet, dass die grafische Darstellung der Umfrage an sämtliche Display-Auflösungen bzw. an mobile Endgeräte im Standard automatisch angepasst ist. Somit wird ein reibungsloses Bedienkonzept während der Befragung gewährleistet. Außerdem bietet das Tool verschiedene, grafische Auswertungsoptionen sowie umfangreiche Datenexportmöglichkeiten (vgl. *enuvo GmbH* 2018). Um Zusammenhänge in den erhobenen Daten zu ermitteln, werden das open-source Statistikanalysetool R Version 3.5.1 und die integrierte Entwicklungsumgebung RStudio Version 1.1.456 eingesetzt.

Die Erhebung wurde vom 27. April bis 04. Juni 2018 durchgeführt und erstreckte sich damit über einen Zeitraum von ca. fünf Wochen.

4.2 Aufbau des Fragebogens

Konzeptionelle Richtlinien zur Erstellung eines Fragebogens

Bei der Entwicklung eines Fragebogens müssen grundlegende Rahmenbedingungen beachtet und erfüllt werden. Der Fragebogen wird in die Teilbereiche Einleitung, Hauptteil und Ende gegliedert. Der vollständige Fragebogen findet sich als Referenz im Anhang I.

Die Einleitung besteht in erster Linie aus dem Einleitungstext. Dieser beinhaltet eine Begrüßungsformel, eine Kurzerläuterung des Umfragethemas, die Länge der Befragung und einen Hinweis zur Anonymität. Außerdem werden Kontaktdaten für eventuelle Rückfragen während der Befragung hinterlegt. Die Dankesformel bildet den Abschluss des Einleitungstextes (vgl. *Theobald* 2017, S. 37-45).

Der Hauptteil sollte in bestimmte thematische Blöcke gegliedert werden, um eine möglichst überschaubare Einteilung zu erzielen. Die Einteilung in Themenblöcke dient dazu, den Fragebogen sinnvoll zu strukturieren sowie den Befragten während der Befragung nicht zu verwirren (vgl. *Pratzner* 2018). Die Fragebogenstruktur des Hauptteils unterliegt dem sogenannten Trichterprinzip. Das bedeutet, dass die Fragen vom Allgemeinen zum Speziellen innerhalb der Befragung gestellt werden (vgl. *Moser* 2011, S. 90). Es sollte darauf geachtet werden, dass der Fragebogen mit einfachen Eisbrecherfragen beginnt. Diese dienen zusätzlich zur Hinführung zum Thema (vgl. *Theobald* 2017, S. 397).

Neben der Fragenreihenfolge kommt der Fragenformulierung eine besondere Bedeutung zu. Wichtige Formulierungsregeln sollten bei der Entwicklung eingehalten werden, um Missverständnisse und Unklarheiten zu vermeiden. Es ist wichtig, leicht verständliche Fragen zu formulieren, die alle Befragten in gleicher Weise verstehen sollten. Auf überflüssige Fragen und Suggestivfragen ist bei der Entwicklung zu verzichten. Mit jeder Frage sollte nur eine Aussage abgedeckt werden, um den Befragten weder zu verwirren noch zu überfordern. Doppelfragen und doppelte Verneinung gilt es zu vermeiden; zudem ist darauf zu achten, dass Begriffe mit eindeutiger Bedeutung Verwendung finden. Items innerhalb des Fragebogens sollten kurz und in der Ich-Form für eine bessere Identifikation formuliert werden (vgl. *Thielsch/Brandenburg* 2012, S. 225-230).

Ein weiteres, wichtiges Kriterium zur Fragebogenerstellung stellt die Skalenauswahl dar. Hierbei ist darauf zu achten, dass die Skalen möglichst einheitlich gehalten werden, um einmal vom Befragten Gelerntes auf darauffolgende Fragen projizieren zu können. Häufig werden Likertskalen angewendet, die für das Erfassen von Einstellungen etabliert sind. Hierbei wird dem Befragten die Möglichkeit gegeben, Zustimmung oder Ablehnung in verschiedenen Stufen anzugeben. Außerdem ist es von zentraler Bedeutung, dass die Richtung der Skalen über den gesamten Fragebogen hinweg gleich gehalten wird (vgl. *Thielsch/Brandenburg* 2012, S. 234-235).

Fragebogeninhalte

Der zugrundeliegende Fragebogen (siehe Anhang I) umfasst drei Gliederungsbereiche – Einleitung, Hauptteil und Schluss – und besteht aus insgesamt 25 Fragen. Diese teilen sich auf 17 geschlossene und acht offene Fragen auf. Alle geschlossenen Fragen sind mit 5er-Skalen (teil- bzw. vollverbalisiert) versehen, die von einem positiven zum negativen Pol ausgerichtet sind. Die ermöglicht eine einfachere Interpretation der Ergebnisse und Berechnung der Mittelwerte.

Die Einleitung umfasst, wie in den konzeptionellen Richtlinien beschrieben, einen Einleitungstext mit Begrüßung, eine kurze Themenbenennung, eine Information zur Dauer der Befragung, einen Hinweis auf Anonymität und die Dankesformel. Außerdem wird der Ansprechpartner genannt, an den sich die Teilnehmer bei Fragen und Problemen wenden können.

Der Hauptteil ist in vier verschiedene Themenbereiche untergliedert. Zunächst werden zwei einfach zu beantwortende Fragen gestellt, die gleichzeitig der Eingrenzung der Zielgruppe dienen. Da die Befragten online-affin und nicht unter 18 Jahre sein sollten, wird die Selektion der Teilnehmer über sogenannten Screening-Fragen gesteuert (Fragen nach Alter und Online-Affinität), d.h. bei Auswahl der Antworten „unter 18 Jahre" oder „Skepsis gegenüber Online-Angeboten" werden die Befragten von der Befragung ausgeschlossen. Im Anschluss folgen Eisbrecherfragen zum generellen Nutzungsverhalten von Finanzangeboten/-dienstleistungen im Alltag. Dieser Bereich umfasst fünf Fragen. Einführend wird nach der Online-Intensität bei Finanzangelegenheiten gefragt. Dann wird das Finanzinstitut eruiert, das hauptsächlich genutzt wird, und die Besuchsfrequenz von Geschäftsstellen erfragt. Anschließend folgt eine Abfrage der generellen Nutzung sowie der Online-Nutzung von speziellen Finanzdienstleistungen.

Der folgende Themenbereich befasst sich mit der aktuellen Wahrnehmung von Online-Finanzdienstleistungen. Dieser Themenkomplex beinhaltet sieben Fragen. Den Einstieg bildet die Zufriedenheitsfrage mit den angebotenen und verwendeten Online-Finanzdienstleistungen. Bei Unzufriedenheit erfolgt eine Nachfrage nach den Gründen. Außerdem wird die Vorstellung über weitere, mögliche Finanzdienstleistungen, die die Befragten gerne online erledigen würden, erhoben. Auch eine Frage zum zukünftigen Besuch von Geschäftsstellen wird mit Hilfe einer geschlossenen und einer darauffolgenden offenen Frage zu den jeweiligen Gründen erforscht.

Der letzte Teil des Hauptfragebogens beschäftigt sich mit den Einstellungen und Erwartungen an einen digitalen Finanzberater im Rahmen von neun Fragen. Dieser Themenbereich ist aufgrund der Neuartigkeit des Themas mit einer sehr offenen Herangehensweise bedacht, um den Befragten möglichst wenig zu beeinflussen. Einleitend wird der Befragte in zwei offenen Fragen motiviert, seine Vorstellungen und anschließend seine Anforderungen zu einem digitalen, online-basierten Finanzberater zu äußern. In einer folgenden, geschlossenen Frage wird die individuelle Wichtigkeit vorgegebener Eigenschaften eines digitalen Finanzberaters eruiert. Die Erstellung der Statements hat sich an den vorhandenen Lösungsansätzen orientiert, die im Zuge der Literaturrecherche aus den Kapiteln 3.2 und 6.1 analysiert wurden. Hierbei hat der Befragte die Möglichkeit, die Eigenschaften auf einer 5er-Skala von ‚Sehr wichtig‘ bis ‚Unwichtig‘ zu bewerten. Da dem Befragten zu diesem Zeitpunkt eventuell noch weitere, ihm wichtige Anforderungen an einen digitalen Finanzberater einfallen könnten, wird ihm anschließend die Möglichkeit gegeben, seine Gedanken erneut in einer offenen Frage zu erläutern. Darauffolgend wird der Teilnehmer zur möglichen Nutzung und zur Nutzungshäufigkeit eines solchen digitalen Finanzberaters gefragt. Die Einstellungen gegenüber des digitalen Finanzberaters werden in einer kurzen Abfrage anhand von vier Statements erfragt.

Der Schluss des Fragebogens wird von zwei soziodemographischen Fragen gebildet. Hierbei werden das Geschlecht sowie der höchste Bildungsstand der Teilnehmer erfragt. Eine Dankesformel zur Teilnahme beendet diesen Teil des Fragebogens. Die folgende Abbildung 3 zeigt einen Gesamtüberblick über den Aufbau des Fragebogens:

Abbildung 3: Aufbau des Fragebogens

EINLEITUNG

HAUPTFRAGEBOGEN

Screening

- Alter
- Offenheit gegenüber Onlineangeboten

Generelles Nutzungsverhalten

- Online-Intensität bei Finanzangelegenheiten
- Finanzinstitut
- Besuchsfrequenz von Geschäftsstellen
- Nutzung von Finanzdienstleistungen generell
- Online-Nutzung von Finanzdienstleistungen

Aktuelle Wahrnehmung

- Online-Nutzung-Zufriedenheit von Finanzdienstleistungen
- Weitere Finanzdienstleistungen
- Zukünftiger Besuch von Geschäftsstellen

Einstellungen und Erwartungen an einen digitalen Finanzberater

- Vorstellungen zu einem digitalen Finanzberater
- Anforderungen an einen digitalen Finanzberater
- Nutzung und Nutzungshäufigkeit eines digitalen Finanzberaters
- Einstellungen gegenüber einem digitalen Finanzberater

ENDE

Soziodemographie

- Geschlecht
- Bildungsabschluss

Dankesformel

Quelle: Eigene Darstellung

Vor Beginn der eigentlichen Befragung wurde der Fragebogenentwurf einem Pre-Test mit zwei Testpersonen unterzogen. Ein Pre-Test deckt im Vorfeld eventuelle Schwachstellen und Probleme im entwickelten Fragebogen auf. Zusätzlich ermöglicht der Pre-Test die Bestimmung des benötigten Zeitaufwandes für die Beantwortung des Fragebogens (vgl. *Kallus* 2016, S. 90). Anhand des Pre-Tests stellte sich heraus, dass der Fragebogen in vereinzelten Statements Formulierungsschwächen aufwies. Aufgrund dieses Ergebnisses wurden die speziellen Statements, nach persönlichen Gesprächen mit den zwei Testpersonen, optimiert und umformuliert.

4.3 Beschreibung der Stichprobe

An der Befragung teilgenommen und den Fragebogen vollständig durchlaufen haben n=73 Personen. Die Teilnehmer der Erhebung wurden über Social Media (insbesondere Xing, LinkedIn und Facebook) und rekrutiert.

Wie bereits in Kapitel 4.2 erwähnt, erfolgte die finale Teilnehmerauswahl unter Zuhilfenahme von Screening-Fragen nach Alter und Online-Affinität. Teilnehmer unter 18 Jahren wurden von der Befragung ausgeschlossen, ebenso Teilnehmer die sich als nicht-online-affin einschätzten. Insgesamt wurde die Befragung bei 9 Probanden aufgrund des Alters-Kriteriums vorzeitig beendet; niemand schätzte sich als nicht-online-affin ein.

Anhand der Altersstruktur in der Stichprobe lässt sich erkennen, dass wie erwartet viele Digital Natives an der Befragung teilgenommen haben. 18 Prozent (n=13) sind zwischen 18 und 25 Jahre, 42 Prozent (n=31) zwischen 26 und 35 Jahre, 32 Prozent (n=23) zwischen 36 und 45 Jahre und acht Prozent (n=6) sind über 45 Jahre alt. Die Mehrheit (n=43) der Befragten steht Online-Aktivitäten sehr offen gegenüber (59 Prozent). 34 Prozent (n=25) stehen Online-Aktivitäten offen gegenüber und sieben Prozent (n=5) sind neutral und stehen den Aktivitäten weder offen noch skeptisch gegenüber.

In der Stichprobe sind 56 Prozent (n=41) Männer und 44 Prozent (n=32) Frauen vertreten. Der überwiegende Teil (n=41) der Befragten hat einen Hochschulabschluss (56 Prozent), gefolgt von 21 Prozent (n=15) der Teilnehmer mit einer abgeschlossenen Ausbildung, 10 Prozent (n=7) mit Abitur und weitere 10 Prozent (n=7) mit anderen Bildungsabschlüssen (wie zum Beispiel Fachakademie, Fachabitur). Drei Prozent (n=2) besitzen einen Grund-/Hauptschulabschluss und zwei Prozent (n=1) der Befragten einen Realschulabschluss.

Nachdem in diesem Kapitel die Ausgangslage und die Rahmenbedingungen sowie das grundlegende Design der empirischen Erhebung betrachtet und dargestellt wurden, werden im folgenden Kapitel die Ergebnisse der empirischen Erhebung detailliert betrachtet.

5 Ergebnisse der empirischen Erhebung

Im folgenden Kapitel werden die Ergebnisse der Online-Umfrage vorgestellt. Da die Umfrage anonym durchgeführt wurde, sind auch bei der Ergebnisanalyse zu keinem Zeitpunkt Rückschlüsse auf Antworten von Einzelpersonen möglich.

Die Ergebnisse werden anhand der im Fragebogen vorgegebenen Struktur ausgewertet und inhaltlich zusammengefasst. Die Analyse umfasst somit folgende Themenkomplexe:

- Generelles Nutzungsverhalten und aktuelle Wahrnehmung von Finanzdienstleistungen
- Einstellungen und Erwartungen bzw. Anforderungen an einen digitalen Finanzberater

Vereinzelt werden die Ergebnisse zusätzlich nach Teilgruppen betrachtet: dabei erfolgt einerseits eine Gegenüberstellung von Direktbankkunden (n=31) vs. Filialbankkunden (n=42) sowie andererseits von jüngeren Bankkunden (n=44) vs. älteren Bankkunden (n=29).

Zum besseren Verständnis werden die Ergebnisse der empirischen Erhebung zudem in grafischer Form aufbereitet und dargestellt.

5.1 Generelles Nutzungsverhalten und aktuelle Wahrnehmung von Finanzdienstleistungen

Nutzung von Finanzdienstleistungen

Die Online-Affinität der Teilnehmer zeigt sich u.a. bei der Abwicklung der Finanzangelegenheiten: 90 Prozent der Teilnehmer wickeln ihre Finanzangelegenheiten immer bis oft online ab. Trotz der Online-Affinität der Teilnehmer geben immerhin 10 Prozent an, dass sie ihre Finanzen nur gelegentlich oder selten online regeln. 43 Prozent nutzen hauptsächlich Direktbanken, also Banken ohne Filialen. Unter den Direktbanken folgt der ING Diba mit 16 Prozent die Comdirect mit 11 Prozent der Stimmen. Die Mehrheit jedoch ist Kunde bei einer Filialbank (57 Prozent), wobei der größte Teil auf die Sparkassen fällt (29 Prozent).

Geschäftsstellen von Finanzdienstleistern werden von mehr als Dreiviertel der Befragten nie bis selten besucht. Die klassischen Banking-Services wie Kontostandabfrage, Daueraufträge, etc. werden generell am häufigsten genutzt. Die Nutzung erfolgt fast ausschließlich online. Eine geringe

Online-Nutzung ist vor allem bei Versicherungen, beim Bausparen und bei Finanzierungen zu verzeichnen. Dies wird in der folgenden grafischen Darstellung (siehe Abbildung 4) verdeutlicht:

Abbildung 4: Generelle vs. Online-Nutzung von Finanzangeboten

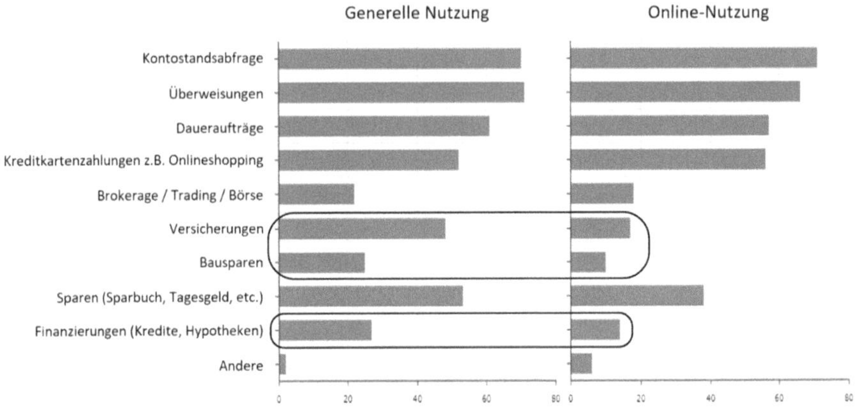

Quelle: Eigene Darstellung

Aktuelle Wahrnehmung von Finanzdienstleistungen

Die Zufriedenheit mit den aktuellen Finanzdienstleistungen, die ausschließlich online erledigt werden, ist unter den Teilnehmern hoch bis sehr hoch. Das arithmetische Mittel (Mittelwert) liegt bei den meisten abgefragten Finanzdienstleistungen zwischen 1,3 und 1,5 (Skala: 1 = sehr zufrieden; 5 = unzufrieden). Bereiche wie Brokerage/Trading/Börse, Versicherungen, Bausparen und Finanzierungen werden mit Mittelwerten zwischen 1,8 und 2,3 tendenziell etwas schwächer bewertet (siehe Abbildung 5).

Kritisiert werden hier vor allem Usability-Aspekte, wie beispielsweise die mangelnde Übersichtlichkeit und Transparenz der Anwendung oder im Fall von Brokerage/Trading/Börse besonders die Komplexität der Nutzung.

Abbildung 5: Zufriedenheit mit aktuellen Online-Finanzdienstleistungen (Mittelwert)

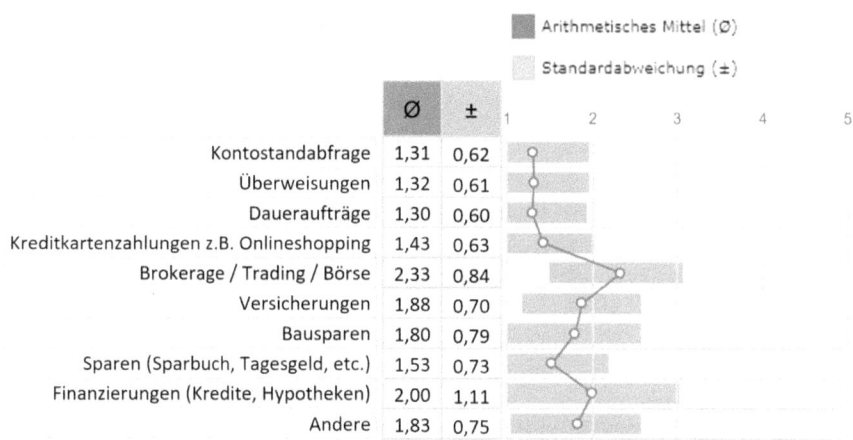

Basis: n=73; Skala: 1 = sehr zufrieden; 5 = unzufrieden

Quelle: Eigene Darstellung

In Bezug auf ‚Versicherungen' wird vor allem die Unklarheit von Leistungen und Konditionen, die online erhältlich sind, beanstandet. Die Online-Finanzdienstleistung bietet zu wenig Informationen und Funktionen. Bausparen und Sparen (Sparbuch, Tagesgeld, etc.) wird ähnlich kritisiert wie Versicherungen. Es gibt online nur wenig Möglichkeiten, diese Dienstleistungen zu erledigen. Auch die geringe Serviceleistung stellt einen Kritikpunkt dar. Nach dem Eindruck eines Teilnehmers „scheint das klassische Bauspargeschäft noch stark vom direkten Kundenkontakt geprägt zu sein", was in Unzufriedenheit bei Kunden münden kann.

Bei Finanzierungen als Finanzdienstleistung werden die Seriosität und das Vorgehen der Anbieter in Frage gestellt. Dieser Dienstleistung fehlt es aus Sicht der Teilnehmer an Transparenz, Informationen und Funktionen, die online möglich sind. Ein Beispiel stellt hier die Sondertilgung dar, die meist online nicht möglich ist.

Zusätzlich zu bereits genutzten Online-Finanzdienstleistungen können sich 41 Prozent der Teilnehmer weitere Finanzdienstleistungen/-geschäfte vorstellen, die sie gerne online erledigen würden. Die Unzufriedenheit mit Versicherungen und Bausparen im Online-Bereich resultiert wiederum in dem Wunsch nach mehr Online-Leistungen. Insgesamt 24 Prozent derer, die sich weitere Online-Angebote von Finanzdienstleistungen vorstellen können, sehen weiteren Spielraum zum digitalen Ausbau für leistungsfähigere und umfangreichere Services. Sie wünschen sich beispielsweise eine online-basierte Versicherungsabwicklung mit Vergleichsmöglichkeiten. Bausparen weist aus Sicht der Teilnehmer starke Defizite im Online-Bereich auf und findet ebenfalls bei der Vorstellung weiterer Finanzdienstleistungen die online erledigt werden können Anklang. Auch das klassische Onlinebanking bietet Potenzial zur Verbesserung. 17 Prozent können sich hier ein noch besseres Angebot vorstellen (zum Beispiel besseres TAN-Verfahren, Überweisungen, Änderung der Einzugsermächtigungen, Verrechnungsscheck online eingeben und nicht per Post schicken müssen, etc.). Vereinzelt wurden Kryptowährungen, Mobile Payment, Immobilienkäufe (zum Beispiel Hausfinanzierung), Analyse des Konsumverhaltens, mehr Möglichkeiten bei Geldanlage bzw. RPA in der Banking App und einfache Möglichkeiten Freunden Geld zu überweisen genannt.

Besuch von Geschäftsstellen

Etwas über die Hälfte der Teilnehmer (55 Prozent) kann sich vorstellen, zukünftig gar keine Geschäftsstelle von Banken, Versicherungen, Bausparkassen oder Vermögensberatungen mehr aufzusuchen. Unter den Direktbankkunden sind dies sogar 74 Prozent. Werden die Teilnehmer aus Filialbanken betrachtet, benötigen über ein Drittel (40 Prozent) nach eigener Aussage zukünftig keinen Besuch mehr in einer Geschäftsstelle. Auch dies ist ein beträchtlicher Anteil, was wiederum auf die hohe Online-Affinität der Teilnehmer und auf das bereits gut ausgebaute Online-Angebot der Filialbanken zurückzuführen sein könnte.

Erstaunlich ist, dass unter den Jüngeren (Altersgruppe bis 35 Jahre; entspricht 60 Prozent der Teilnehmer) das Ergebnis ausgeglichen ist. 50 Prozent können sich eine Zukunft ohne Filialbesuch vorstellen und genauso viele können es sich eher nicht vorstellen. Bei den Älteren (Altersgruppe ab 36 Jahren; 40 Prozent der Teilnehmer) sind es dagegen 62 Prozent, die zukünftig davon ausgehen keinen Filialbesuch mehr zu benötigen. Die folgende Darstellung (siehe Abbildung 6) verdeutlicht die Verhältnisse in den einzelnen Teilgruppen im Überblick:

Abbildung 6: Zukünftig ohne Geschäftsstellenbesuch von Finanzdienstleistern

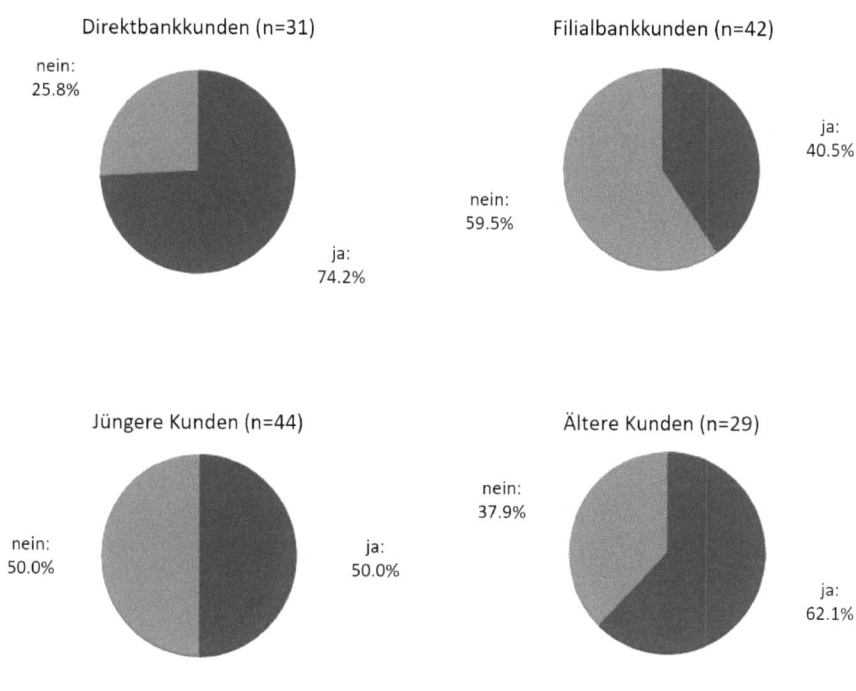

Quelle: Eigene Darstellung

Der wichtigste Grund, der gegen den Besuch von physischen Geschäftsstellen in Zukunft spricht (siehe Abbildung 7), liegt in der Digitalisierung des kompletten Alltags der Nutzer und dass eine Vielzahl verschiedener Services – auch in anderen Lebensbereichen – bereits online verfügbar ist. Ein weiterer Aspekt, der gegen zukünftige Geschäftsstellenbesuche aus Sicht der Befragten spricht, ist die Inflexibilität der Öffnungszeiten und die fehlende Kundenzentrierung der Berater. Es wird außerdem beschrieben, dass Geschäftsstellenbesuche mit Aufwand verbunden sind und dass eine persönliche Beratung als eher unnötig eingestuft wird. Der Geschäftsstellenbesuch bietet keinen Mehrwert und ist aus Sicht der Teilnehmer vor allem mit Zeit und Stress verbunden.

Abbildung 7: Gründe gegen einen zukünftigen Geschäftsstellenbesuch

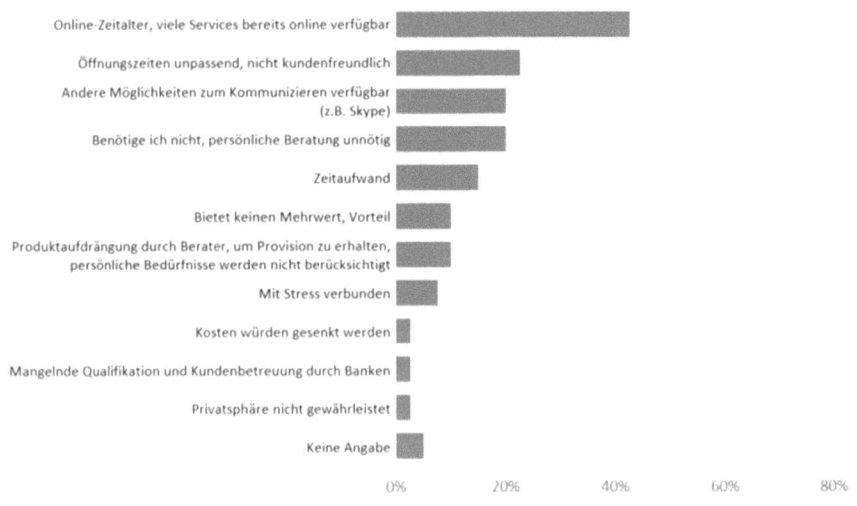

Basis: n=40

Quelle: Eigene Darstellung

Abbildung 8: Gründe für einen zukünftigen Geschäftsstellenbesuch

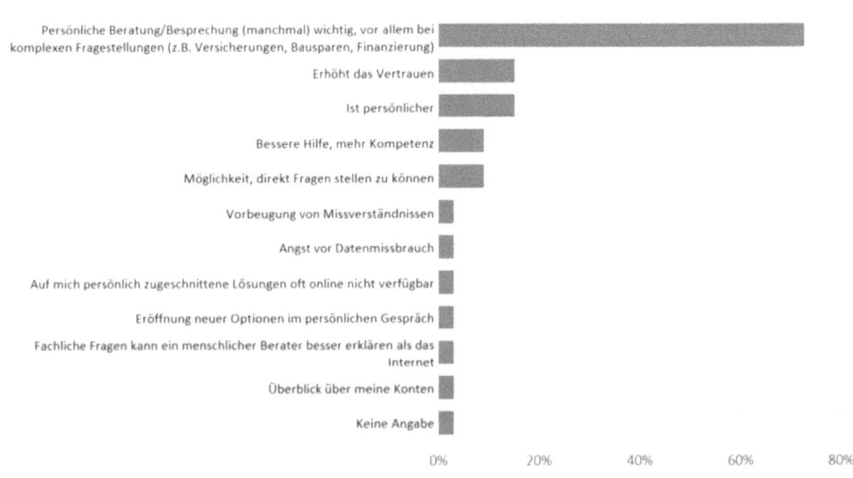

Basis: n=33

Quelle: Eigene Darstellung

Diejenigen, die sich auch zukünftig vorstellen können eine Geschäftsstelle zu besuchen finden vor allem die persönliche Beratung bei komplexen Fragestellungen wichtig (siehe Abbildung 8). Zudem wird von dieser Teilgruppe der Beratung in der Filiale größeres Vertrauen entgegengebracht. Die persönlichere Atmosphäre wird ebenso positiv erwähnt. Auch die Möglichkeit, direkt Fragen zu stellen spielt für diese Gruppe eine Rolle. Dagegen äußern nur einzelne Teilnehmer, dass sie den persönlichen Beratern mehr Kompetenz zusprechen und dass ihnen dieser deshalb besser helfen kann, im Vergleich zu einem online-basiertes Beratungsangebot.

5.2 Einstellungen und Anforderungen an einen digitalen Finanzberater

Ungestützte Abfrage der Anforderungen an einen digitalen, online-basierten Finanzberater

Die Vorstellungen von einem digitalen Finanzberater lassen sich aus Sicht der Befragten grundsätzlich in zwei große Cluster einteilen. Der eine Teil (ca. 68 Prozent) geht von einem Algorithmus oder auch KI-basiertem System aus, welches Finanzdaten des Marktes selbstständig analysiert und auf Basis dessen Empfehlungen zu Finanzgeschäften unter Einbeziehung der persönlichen Präferenzen, Risikobereitschaft, etc. erstellt. In ihrer Vorstellung lernt das System ständig und baut die Fähigkeiten kontinuierlich aus. Sie beschreiben den digitalen Finanzberater als App oder Software mit Beratungsfunktion und Unterstützung. Einzelne Befragte dieser ersten Gruppe benennen den digitalen Finanzberater als eine Art Siri oder Alexa für Finanz-Services. Er wird in der Vorstellung auch als Finanz-Roboter mit Computerstimme und Spracherkennung oder Chatbot bezeichnet.

Die zweite dominierende Vorstellung eines digitalen Finanzberaters (23 Prozent der Befragten) ist die von einer Person, die ausschließlich online mit dem Kunden kommuniziert (ohne Filiale). Die Kommunikation erfolgt dabei zum Beispiel über Skype oder Apples Facetime. Fünf Prozent der Teilnehmer gehen von einem unflexiblen System aus, das standardisierte und vorgefertigte Fragen und Antworten miteinander verbindet, wohingegen 4 Prozent der Teilnehmer keine Vorstellung von einem digitalen Finanzberater haben. Abbildung 9 zeigt die ungestützten Vorstellungen von einem digitalen Finanzberater aus Kundensicht grafisch in der Übersicht.

Abbildung 9: Vorstellungen von einem digitalen Finanzberater

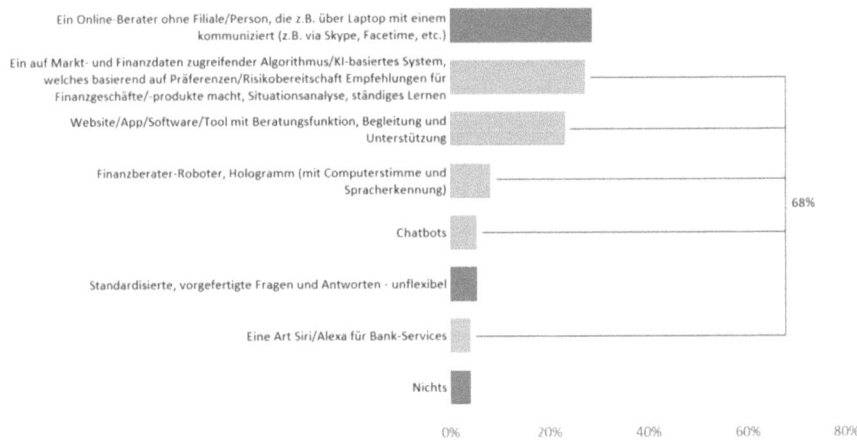

Nur Antworten ≥ 4%; Basis: n=73

Quelle: Eigene Darstellung

Bei den ungestützten Wünschen und Anforderungen (Abbildung 10) hat ein großer Teil der Befragten (36 Prozent) klar den Wunsch nach einer individuell zugeschnittenen Beratung. Es sollen maßgeschneiderte Lösungen mit einer optimalen Finanzberatung verbunden werden. Zu den Top-Antworten gehört außerdem die schnelle, ständige Verfügbarkeit und vor allem auch die Unabhängigkeit des digitalen Finanzberaters. Der Vergleich aller Angebote von sämtlichen Anbietern in Echtzeit steht dabei ebenfalls im Vordergrund.

Ein weiterer Wunsch, der sehr deutlich erkennbar ist, ist der nach höchstmöglicher Sicherheit (kombiniert 37% der Teilnehmer). Die Sicherheit bezieht sich zum einen auf die sichere Verschlüsselung der Daten und einen umfangreichen Datenschutz und zum anderen auf Vertraulichkeit in Verbindung mit einem vertrauensvollen Eindruck des digitalen Finanzberaters. Auch die Transparenz spielt bei der Sicherheit eine wesentliche Rolle. Die Benutzer möchten wissen, was mit ihren Daten geschieht.

In Bezug auf die Funktionalität des digitalen Finanzberaters wünschen sich die Teilnehmer eine unkomplizierte Eingabemaske, eine einfache Bedienung und leichte Verständlichkeit. Die Möglichkeit zur Darstellung auf verschiedenen Kanälen wie Laptop, Smartphone, etc. wird ebenso von mehreren Teilnehmern als Anforderung geäußert. Standardisierte Antworten und Fragen, die nur mit „Ja" oder „Nein" beantwortet werden, stellen dagegen keine Option für einen digitalen Finanzberater aus Sicht einzelner Befragter dar.

Abbildung 10 fasst die häufigsten Wünsche und Anforderungen aus der ungestützten Abfrage nochmal grafisch zusammen.

Abbildung 10: Wünsche und Anforderungen an einen digitalen Finanzberater

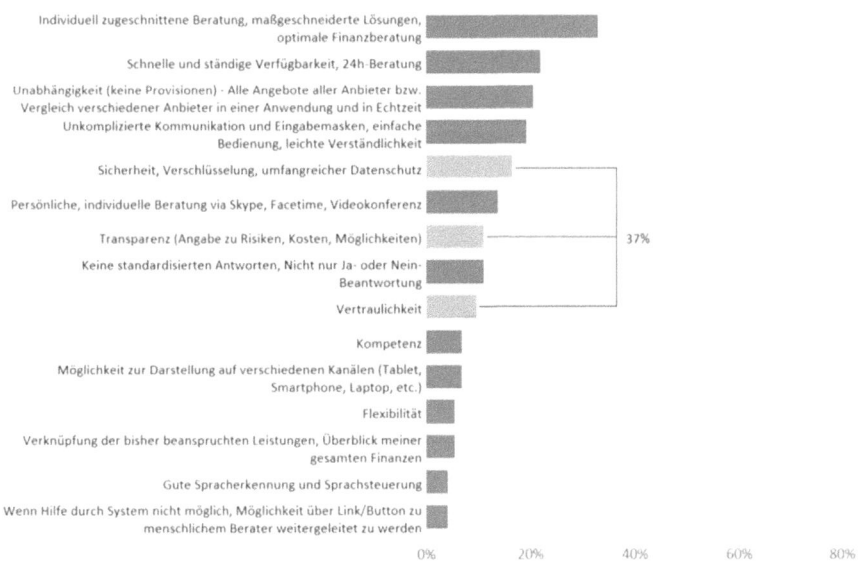

Nur Antworten ≥ 4%; Basis: n=73

Quelle: Eigene Darstellung

Teilnehmer die sich unter einem digitalen Finanzberater eine Person vorstellen, die sie ausschließlich online berät, möchten dagegen eine persönliche und individuelle Beratung via Videokonferenz oder vergleichbaren Medien.

Gestützte Abfrage der Anforderungen an einen digitalen, online-basierten Finanzberater

Bei der gestützten Abfrage werden bereits bekannte und häufig genutzte Service-Angebote bzw. Funktionalitäten des Onlinebankings als wichtige bis sehr wichtige Anforderungen an einen digitalen Finanzberater eingestuft. Neben den bereits bekannten Funktionen, stehen an vorderster Stelle eine Anzeigefunktion von genutzten Konten, Versicherungen, Bausparverträgen, etc. Das heißt, dass die übergreifende Anzeige von allen genutzten Finanzdienstleistungen möglich sein sollte. Aktive Meldungen des digitalen Finanzberaters sind ebenfalls sehr wichtig. Vor allem die Meldung von Änderungen bestehender Finanzprodukte, wie zum Beispiel Beitragsänderungen, sind sehr gefragt und stehen mit einem Mittelwert von 1,66 (Skala: 1 = sehr wichtig bis 5 = unwichtig) unter den wichtigsten Anforderungen, gefolgt von Meldungen zu Kontoständen und -grenzen, Kreditkartenbelastung sowie Informationen zu automatisierten Abbuchungen und Eingängen auf dem eigenen Konto.

Sehr wichtig bis wichtig wäre den Teilnehmern, dass eine digitale Ausweisfunktion zur Verfügung gestellt wird (Mittelwert von 2,12). Diese stellt sicher, dass angebotene Finanzdienstleistungen auch direkt digital in Anspruch genommen werden können.

Der digitale Finanzberater sollte außerdem mit Hilfe natürlicher Sprache auf Fragen der Kunden reagieren und antworten können (Mittelwert von 2,21). Interaktive Kommunikation ist somit ein wichtiges Feld, das er erfüllen müsste. Finanzangebote des Finanzberaters sollten auf die persönliche Lebenssituation angepasst sein und automatisch angezeigt werden. Dies schließt auch die Möglichkeit zum Wechsel zu einem günstigeren Angebot zum Beispiel bei besseren Zinsen oder Umschuldungsmöglichkeiten ein. Betriebliche Leistungen wie Altersvorsorge oder vermögenswirksame Leistungen liegen eher im Mittelfeld und spielen eine etwas untergeordnetere Rolle bei den Anforderungen. Hierzu zählen beispielsweise auch Aspekte wie die Vorhersage der angesparten Geldmenge zu einem bestimmten Zeitpunkt, sofortige Meldungen zu Änderungen am Finanzmarkt zum Beispiel bei einem Börsencrash, Haushaltsbuchfunktion, Anzeige von Kundenbewertungen und von Finanzierungsangeboten.

Abgeschlagen sind Lösungen für Trading, aktuelle Aktienkurse oder Empfehlungen zu Anlageprodukten. Die folgende Abbildung 11 zeigt die Ergebnisse im Detail:

Abbildung 11: Gestützte Anforderungen an einen digitalen Finanzberater

Basis: n=73; Skala: 1 = sehr wichtig; 5 = unwichtig

Quelle: Eigene Darstellung

Bei den Eigenschaften, die den Befragten ebenfalls wichtig sind, und die nach der gestützten Abfrage zusätzlich ‚frei' genannt wurden, rückt die Sicherheit wieder stärker in den Fokus. Wie schon zuvor spielen hier u.a. eine sichere Verschlüsselung der Daten, umfangreiche Vorkehrungen zum Datenschutz und die Gewährleistung der Vertraulichkeit der ausgetauschten Informationen eine wichtige Rolle.

Bei den anderen ‚freien' Nennungen handelt es sich um Einzelnennungen wie zum Beispiel automatische Meldungen zu Kontoauszügen, die digital zur Verfügung gestellt werden, verschiedene Möglichkeiten zur Identitätsprüfung, Mobile Payment Angebote und individuelle Risikoanalyse.

Einstellungen gegenüber einem digitalen, online-basierten Finanzberater

Bei der Frage nach der wahrscheinlichen Nutzung des digitalen, online-basierten Finanzberaters geben 60 Prozent der Befragten an, dass sie den digitalen, online-basierten Finanzberater wahrscheinlich bis bestimmt nutzen würden. 25 Prozent sind sich noch unschlüssig bezüglich der Nutzung, da sie den digitalen Finanzberater vielleicht nutzen oder auch nicht nutzen würden. Nur 15 Prozent der Teilnehmer würden den digitalen Finanzberater dagegen wahrscheinlich bis bestimmt nicht nutzen.

Unter den Direktbankkunden würden mehr als drei Viertel den Finanzberater wahrscheinlich bis bestimmt nutzen und lediglich 10 Prozent stehen der Verwendung skeptisch gegenüber und würden ihn wahrscheinlich bis bestimmt nicht nutzen (siehe auch Abbildung 12). Unter Filialbankkunden ist die Skepsis gegenüber einem digitalen Finanzberater etwas größer: nur knapp die Hälfte der Befragten (48 Prozent) würde ihn bestimmt oder wahrscheinlich nutzen, 33 Prozent sind sich bezüglich der Nutzung noch unsicher, und 19 Prozent geben an, ihn wahrscheinlich oder bestimmt nicht zu nutzen.

Im Altersvergleich stehen die jüngeren Kunden einem digitalen Finanzberater bezüglich der Nutzung offener gegenüber. Sie geben zu 63 Prozent an, dass sie ihn wahrscheinlich bis bestimmt nutzen würden, während es bei den älteren Kunden „nur" ca. 55 Prozent sind.

Abbildung 12: Nutzungswahrscheinlichkeit eines digitalen Finanzberaters

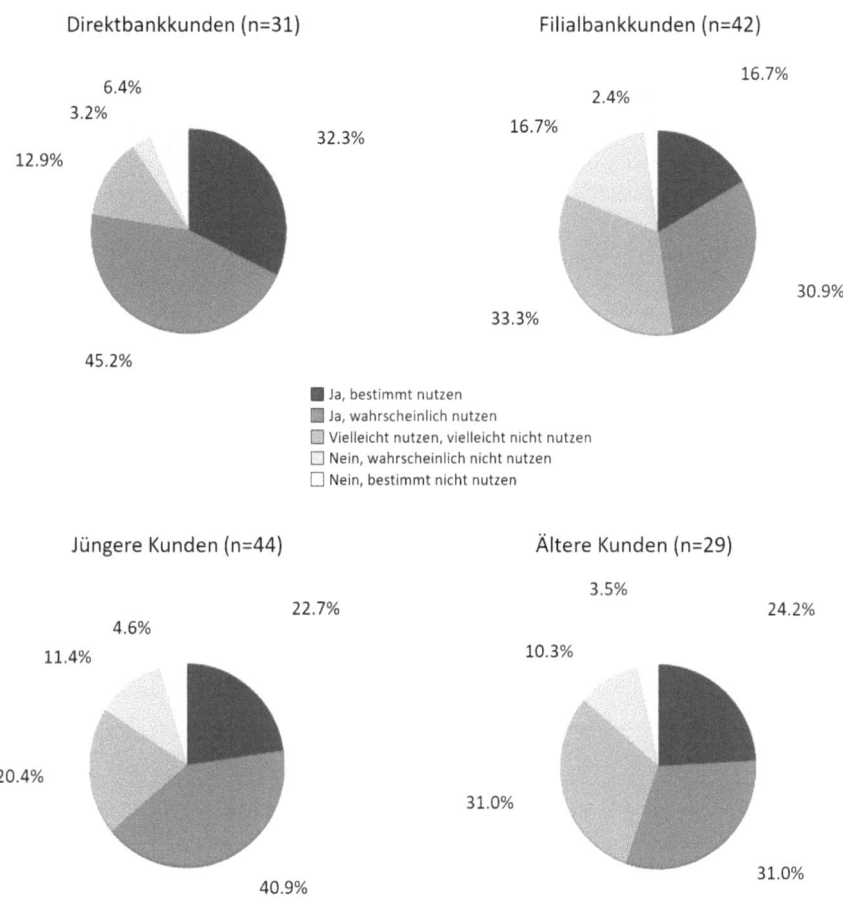

Quelle: Eigene Darstellung

Die Nutzungshäufigkeit wird insgesamt als relativ hoch eingeschätzt. 57 Prozent geben an, dass sie den Berater häufig nutzen würden und 23 Prozent denken sogar an eine sehr häufige Nutzung. Zwischen den betrachteten Teilgruppen gibt es kaum Unterschiede, die Mehrheit in den jeweiligen Teilgruppen würde einen digitalen, online-basierten Finanzberater häufig nutzen. Wenig überraschend ist, dass unter den Direktbankkunden die Wahrscheinlichkeit zur Nutzung überdurchschnittlich hoch ist. Knapp 88

Prozent von denen, für die eine Nutzung mindestens wahrscheinlich ist, geben an, dass sie den Berater (sehr) häufig nutzen würden.

Als Gründe, die hauptsächlich gegen die Nutzung eines digitalen Finanzberaters sprechen, werden neben der Wichtigkeit einer persönlichen Beratung insb. die Faktoren Unbekanntheit, mangelndes Vertrauen und Sicherheitsbedenken sowie fehlende Transparenz genannt, wie die folgende Grafik verdeutlicht (siehe Abbildung 13):

Abbildung 13: Gründe gegen die Nutzung eines digitalen Finanzberaters

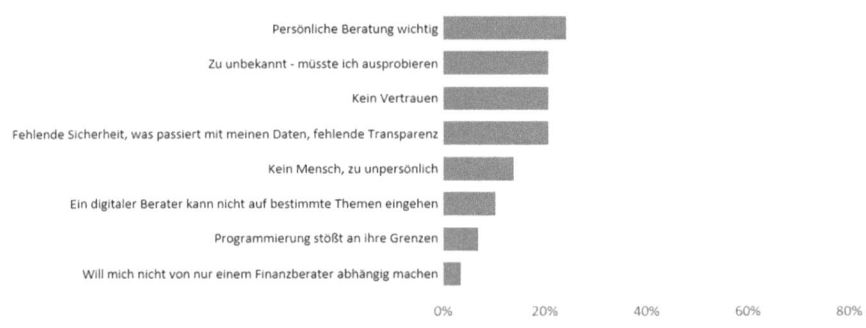

Basis: n=29

Quelle: Eigene Darstellung

Die gestützte Abfrage zu den Einstellungen gegenüber dem digitalen Finanzberater (siehe Abbildung 14) spiegelt die ambivalente Wahrnehmung unter den Befragten wider. Dem digitalen, online-basierten Finanzberater wird kein uneingeschränktes Vertrauen geschenkt, die Teilnehmer sind eher vorsichtig. Vertrauen wird mit einem Mittelwert von 2,6 bewertet (Top-2-Box[4]: 53 Prozent) und liegt somit im leicht positiven Bereich der Bewertung. Skepsis schwingt bei den Teilnehmern aber mit. Die ausschließliche Beratung durch den digitalen Finanzberater sehen viele der Teilnehmer kritisch, jedoch können sich 45 Prozent (Top-2-Box) vorstellen, ausschließlich von einem digitalen Finanzberater beraten zu werden. Hier liegt der Mittelwert bei 2,9. Ein gemischtes Bild ergibt sich auch bei der Notwendigkeit des persönlichen Kundenberaterkontakts. Das arithmetische Mittel

---

[4] Top-2-Box ist die Kombination bzw. Addition der Prozentwerte der höchsten beiden Antwortmöglichkeiten, um eine gemeinsame Prozentzahl für die Auswertung zu bilden (vgl. *Träger* 2017).

liegt hier bei 2,8. Insgesamt wird der digitale Finanzberater als gute Unterstützung gesehen (Mittelwert: 1,95; Top-2-Box: 80 Prozent).

Abbildung 14: Einstellungen gegenüber dem digitalen Finanzberater

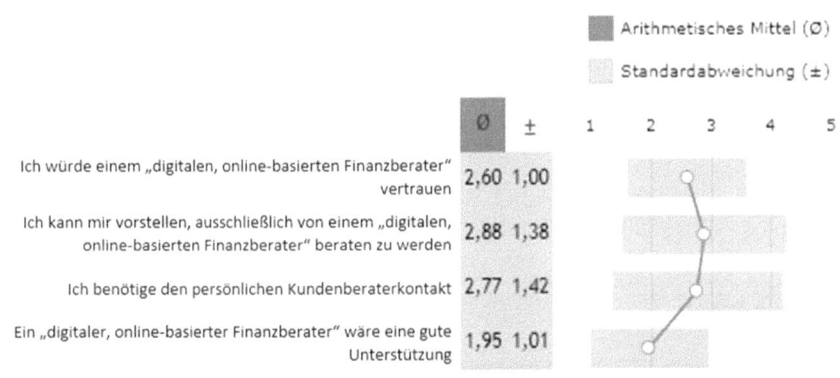

Basis: n=73; Skala: 1 = Trifft voll und ganz zu; 5 = Trifft überhaupt nicht zu

Quelle: Eigene Darstellung

Korrelationsanalyse von Einstellungen und Anforderungen

Im Folgenden werden tieferliegende Zusammenhänge zwischen den Einstellungen der Befragungsteilnehmer und den gestützten Anforderungen analysiert. Dazu wird der Datensatz aus der Online-Umfrage Data_r_OFB im xlsx-Format mit RStudio in R importiert und eine Korrelationsanalyse bezüglich der Einstellungsvariablen durchgeführt. Durch diese wird die Wechselbeziehung zweier Merkmale bzw. Variablen beschrieben. Ein Korrelationskoeffizient von +1 beschreibt einen vollständig positiven linearen Zusammenhang, ein Wert von -1 steht für einen vollständig negativen Zusammenhang (vgl. *Wollschläger* 2017, S. 76; *DataCamp* 2018a).

Mit den folgenden Programmzeilen wird das benötigte Package RcmdrMisc in R geladen und die Korrelationsanalyse durchgeführt (siehe Abbildung 15). Der Roh-Output wird in Abbildung 16 dargestellt.

Abbildung 15: Input Code – Korrelation aus Data_r_OFB

```
> library(RcmdrMisc)
> rcorr.adjust(Data_r_OFB[,c("OFBtrust", "OFBonly", "OFBsup"
)], type="pearson", use = "complete")
```

Quelle: Eigene Darstellung

Abbildung 16: Output – Korrelation aus Data_r_OFB

```
Pearson correlations:
          OFBtrust OFBonly OFBsup
OFBtrust   1.0000  0.6892 0.6253
OFBonly    0.6892  1.0000 0.5602
OFBsup     0.6253  0.5602 1.0000
 Number of observations: 73
```

Quelle: Eigene Darstellung

Abbildung 17: Ergebnis Korrelationsanalyse Einstellungen

	Vertrauen in einen digitalen Finanzberater (OFBtrust)	Ausschließliche Beratung durch digitalen Finanzberater (OFBonly)	Digitaler Finanzberater als gute Unterstützung (OFBsup)
OFtrust	1	0,6892	0,6253
OFBonly	0,6892	1	0,5602
OFBsup	0,6253	0,5602	1

Quelle: Eigene Darstellung

Das Ergebnis der Analyse (siehe Abbildung 17) zeigt, dass Vertrauen am höchsten mit der Nutzung des digitalen Finanzberaters korreliert (Korrelationskoeffizient: 0,6892) und somit die Grundlage für die Nutzung des digitalen Finanzberaters bildet. Aus diesem Grund sollen mit der folgenden Shapley Value Regression die Haupttreiber für Vertrauen identifiziert werden (Variablenerklärung siehe Anhang VIII.2).

Eine Shapley Value Regression wird zur Bestimmung von Treibern einer abhängigen Variablen eingesetzt (Relative Importance). Sie misst die Einflussstärke der Treiber auf die abhängige Variable (vgl. *Lüken/Schimmelpfennig* 2014, S. 34). Die relative Wichtigkeit wird in R mit dem Package relaimpo in der Version 2.2.3 dargestellt (vgl. *Grömping* 2016).

Voraussetzung für die Shapley Value Regression ist die lineare Regression, die mit der R-Funktion „lm" in eine neue Zwischenvariable OFBtrust2 gespeichert wird (vgl. *DataCamp* 2018b). Im vorliegenden Fall stellt Vertrauen die abhängige Variable dar. Die Anforderungsvariablen sind die unabhängigen Variablen, deren Einflussstärke auf Vertrauen gemessen werden:

Abbildung 188: Input Code – Shapley Value Regression

```
> library(relaimpo)
> OFBtrust2 <- lm(OFBtrust ~ allK + Onl + KoSt + autoBew + K
reKarBel + FinAng + HBF + Änd + KuBew + persFP + NLP + BAVVL
+ Mscan + günAng + Trad + Empf + FMÄ + VorhG + eID, data = D
ata_r_OFB)
> calc.relimp(OFBtrust2, type = c("lmg"), rela = TRUE)
```

Quelle: Eigene Darstellung

Das Ergebnis (siehe Abbildung 19) zeigt als stärkste Treiber für die abhängige Variable Vertrauen in einen digitalen Finanzberater die Variablen „Meldung meiner aktuellen Kreditkartenbelastung (Abstand zum Kreditkartenlimit)" (= Variable „KreKarBel"), „Feedback auf meine Fragen und Beratung via natürlicher Sprache" (=Variable „NLP") und „Aufzeigen von Möglichkeiten zum Wechsel zu günstigeren Angeboten (z.B. bei besseren Zinsen, Umschuldungsmöglichkeiten, etc.)" (=Variable „günAng").

Abbildung 199: Output – Shapley Value Regression

```
Response variable: OFBtrust
Total response variance: 0.9927702
Analysis based on 73 observations

19 Regressors:
allK Onl KoSt autoBew KreKarBel FinAng HBF Änd KuBew persFP
NLP BAVVL Mscan günAng Trad Empf FMÄ VorhG eID
Proportion of variance explained by model: 43.19%
Metrics are normalized to sum to 100% (rela=TRUE).


Relative importance metrics:
                lmg
allK       0.02382586
Onl        0.04349589
KoSt       0.05463029
autoBew    0.02781202
KreKarBel  0.17531356
FinAng     0.03671755
HBF        0.03763600
Änd        0.03319911
KuBew      0.01101652
persFP     0.06501551
NLP        0.13571872
BAVVL      0.02085599
Mscan      0.02685209
günAng     0.15535116
Trad       0.01962959
Empf       0.02070173
FMÄ        0.01345131
VorhG      0.05779091
eID        0.04098618
```

Quelle: Eigene Darstellung

5.3 Zusammenfassung der Ergebnisse

Alle Teilnehmer der Befragung sind (aufgrund des Designs der Erhebung) online-affin. Etwas weniger als die Hälfte der Befragten (42 Prozent) ist Kunde einer Direktbank und etwas mehr als die Hälfte der Teilnehmer (58 Prozent) ist Kunde bei einer Filialbank. Generell herrscht tendenziell eine große Zufriedenheit mit den bereits vorhandenen Online-Funktionalitäten. Lediglich in den Bereichen Versicherungen, Bausparen, Finanzierungen und Brokerage werden klare Defizite im Online-Angebot wahrgenommen und geäußert. Der Wunsch nach mehr Online-Angeboten/-Anwendungen und mehr Klarheit, vor allem in den Bereichen Versicherungen und Bausparen, wird in der Befragung sehr deutlich. Beim Brokerage dagegen resultiert die leichte Unzufriedenheit aus der häufigen Unübersichtlichkeit und Intransparenz der Angebote.

Beim zukünftigen Geschäftsstellenbesuch sind die Teilnehmer geteilter Meinung. Während sich die Hälfte der Teilnehmer vorstellen kann, zukünftig gar keine Geschäftsstelle von Finanzdienstleistern mehr aufzusuchen, ist die andere Hälfte diesbezüglich eher traditioneller eingestellt und kann es sich nicht vorstellen vollständig ohne Geschäftsstellen auszukommen. Unter den Direktbankkunden sind es jedoch sogar Dreiviertel, die in Zukunft keine Geschäftsstelle mehr besuchen würden.

Ein digitaler Finanzberater wird von der Mehrzahl der Teilnehmer als eine Software bzw. ein Tool oder auch ein Algorithmus gesehen, der zu den verschiedenen Finanz-Services berät. Dabei werden die persönlichen Vorlieben, Risikobereitschaft, etc. in die Analyse durch die Software eingebunden und entsprechende Produkte, die auf die persönliche Situation zugeschnitten sind, angeboten. Der andere Teil der Befragten stellt sich unter einem digitalen Finanzberater eine Person vor, die ausschließlich mit Hilfe online-basierter Technik, zum Beispiel über Video-Konferenz-Software berät, allerdings nicht vor Ort in einer Filiale. Bei beiden Vorstellungen haben eine erhöhte Erreichbarkeit und somit hohe Flexibilität einen großen Stellenwert bei den Befragten. Unabhängigkeit des Systems (zum Beispiel von Provisionen) spielt eine weitere wichtige Rolle unter den Teilnehmern. Dies hat wiederum Auswirkungen auf das Vertrauen, das die Teilnehmer einem digitalen Finanzberater entgegenbringen können. Der Wunsch nach Transparenz, Sicherheit und Datenschutz ist deutlich aus den Ergebnissen abzulesen. Deren Fehlen wäre zugleich auch einer der Hauptgründe, der gegen die Nutzung eines digitalen Finanzberaters sprechen würde.

Weitere wichtige Anforderungen an einen digitalen Finanzberater sind, neben den bereits bekannten Onlinebanking-Angeboten, vor allem die Anzeige von genutzten Finanzdienstleistungen und die Meldung von Änderungen, zum Beispiel bei Beitragsänderungen. Als ebenfalls wichtig eingestuft wird die digitale Ausweisfunktion, damit angebotene Produkte ohne Zeitverlust digital in Anspruch genommen werden können. Sowohl in den ungestützten als auch in den gestützten Anforderungen wird die interaktive Kommunikation als wichtig bis sehr wichtig eingestuft; diese sollte in natürlicher Sprache stattfinden.

Im Folgenden sind, nach Interpretation der Gesamtergebnisse, die 10 wichtigsten bzw. am häufigsten genannten, identifizierten Anforderungen (auf Basis der Beantwortungen der ungestützten Fragen als auch auf der gestützten Statement-Batterie) thematisch geclustert zusammengefasst:

- Verbindung aller Konten, Versicherungen, etc. in einem System
- Individuell zugeschnittene Beratung und Finanzangebote
- Hohe Flexibilität und ständige Verfügbarkeit
- Unabhängigkeit
- Sicherheit, Transparenz, Datenschutz und Vertraulichkeit
- Kommunikation in natürlicher Sprache
- Einfaches und übersichtliches User-Interface
- Möglichkeit zum Onlinebanking
- Aktive Meldung von Änderungen
- Digitale Ausweisfunktion

Mehr als die Hälfte der Befragten hat angegeben, dass sie den digitalen Finanzberater sehr wahrscheinlich bis bestimmt nutzen würden. Er bietet in ihren Augen eine gute Unterstützung bei Finanzangelegenheiten. Fast die Hälfte der Befragten könnte sich vorstellen ausschließlich von einem digitalen Finanzberater beraten zu werden.

Nachdem nun wichtige Erwartungen und Anforderungen der potenziellen Nutzer an einen digitalen Finanzberater dargestellt wurden, sollen im folgenden Kapitel verschiedene bereits existierende digitaler Service-Ansätze und Applikationen im Finanzumfeld beleuchtet und anschließend mit den soeben dargestellten Anforderungen abgeglichen werden.

6 Weiterführende Analyse der Ergebnisse im Kontext bestehender digitaler Service-Ansätze und Applikationen

In diesem Kapitel werden bestehende Service-Ansätze und Applikationen analysiert und die Erhebungsergebnisse mit bereits vorhandenen Lösungsansätzen eines digitalen Finanzberaters verglichen. Des Weiteren wird in diesem Kapitel der digitale Finanzberater, unter Einbeziehung der Ergebnisse aus der Erhebung, einer kritischen Betrachtung unterzogen; darauf basierend werden im Anschluss einige Empfehlungen adressiert.

6.1 Analyse bestehender Service-Ansätze und Anforderungsvergleich

Die Ergebnisse der Erhebung aus potenzieller Anwendersicht untermauern die Unternehmenssicht in Bezug auf das KI-Potenzial im Finanzsektor der in Kapitel 3.2 erwähnten Studie der Sopra Steria SE. Nach dieser Studie wird das mitunter größte Potenzial von KI für die Unternehmensentwicklung in der Finanzdienstleistungsbranche vor allem in digitalen Assistenten bzw. Finanzberatern und den intelligenten Automatisierungstechnologien hierfür gesehen. Dies wird damit begründet, dass vor allem Kundenanforderungen mit zugeschnittenen Produkten besser bedient werden können und daraus resultierend eine zielgerichtetere Ansprache der Kunden erfolgen kann. Die durchgeführten Online-Erhebung aus potenzieller Anwendersicht bestätigt dies. Ein weiterer Nutzen der häufig gesehen wird, liegt in der Tatsache, dass die immer größer werdenden Datenmengen zunehmend besser beherrschbar und analysierbar werden. Eine bessere User Experience spielt ebenfalls eine große Rolle für das Potenzial, das die technologischen Entwicklungen von KI für die Branche bietet (vgl. *Sopra Steria SE* 2017, S. 20, 49).

In der Praxis bestehen bereits einige Ansätze für einen digitalen Finanzberater. Ein solcher Berater wird dabei typischerweise als ein von Algorithmen gesteuertes System gesehen, das Entscheidungen durch Lernen treffen kann (vgl. *Meyer* 2016b).

Im Folgenden wird eine Auswahl bereits auf dem Markt eingeführter oder in der Erprobung befindlicher Ansätze beschrieben und mit den Anforderungen aus der Erhebung verglichen. Die Auswahl der Ansätze erfolgte u.a. nach dem Umfang der abgedeckten Finanzbereiche, der Intensität der Verwendung von KI-Prozessen im Service sowie dem Vorhandensein von Kooperationen mit etablierten klassischen Finanzdienstleistern.

Als besonders relevant wurden dabei die folgenden Service-Ansätze bzw. Applikationen identifiziert: Numbrs (bankenunabhängige App), ROBIN (Deutsche Bank), Erica (Bank of America), zwei Messenger Chatbots (Wells Fargo, Ally Bank), Amazons Alexa (Volks- und Raiffeisenbanken), Google Assistant (Sparkasse), Apples Siri (Postbank), Watson (Deutsche Bank), EVA (IBM und Inter Versicherung) sowie Clark (versicherungsunabhängig).

Der Vergleich mit den Anforderungen der empirischen Erhebung beschränkt sich dabei auf die besonders hervortretenden Eigenschaften des entsprechenden Ansatzes. In der im Anschluss abgebildeten Übersichtsmatrix wird dagegen der Erfüllungsgrad bezüglich aller zusammengefasster Anforderungspunkte aus der Online-Erhebung skizziert.

Numbrs

Das Unternehmen Numbrs Personal Finance AG entwickelte im Jahr 2013 eine App namens Numbrs. 2014 wurde die App in Deutschland gelauncht. Sie bildet einen Ansatz eines digitalen Finanzberaters und ermöglicht es alle Konten des Nutzers, unabhängig von der Bank, in einer Übersicht anzeigen zu lassen (Multi-Banking). Es können Bankkonten von über 3.500 Banken über die App verwaltet und Bankgeschäfte darüber abgewickelt werden. Die App unterstützt bei der Analyse der Finanzen durch Data Analytics. Sie ermöglicht eine Buchungskategorisierung und unterstützt per Pop-up-Messages mit Informationen zur Einhaltung von Budget- und Sparzielen (vgl. *Numbrs Personal Finance AG* 2018a).

Anfang 2017 wurde die Numbrs App um den Numbrs Store erweitert. Dies ist eine integrierte unabhängige Finanzdienstleistungsplattform. Die Norisbank und die Postbank nutzen diesen digitalen, mobilen Vertriebskanal als erste Banken in Deutschland. Mit der Multi-Banking-App mit Chat-Funktion kann der User Finanzangebote verschiedener Institute vergleichen und bei Bedarf direkt in der App den Vertrag für eine bessere Alternative abschließen. Alle personenbezogenen Kundendaten und Informationen werden codiert verarbeitet, sodass keine Rückschlüsse auf die Kundenidentität möglich sind. Auch in Bezug auf integrierte Partnerbanken ist zu jedem Zeitpunkt sichergestellt, dass über die Daten und deren Nutzung nur der User selbst entscheidet. Alle Daten sind mit einer vom TÜV Saarland zertifizierten IT-Sicherheitsinfrastruktur geschützt und werden ausschließlich in deutschen Rechenzentren gespeichert. Sie unterliegen damit den Bestimmungen der Datenschutz-Grundverordnung der Europäischen

Union und dem Bundesdatenschutzgesetz (BDSG). Für alle Verbindungen wird das TLS 1.2 Protokoll mit 2048-Bit SSL Verschlüsselung von Datenübertragungen verwendet (vgl. *Numbrs Personal Finance AG* 2017, *Numbrs Personal Finance AG* 2018b).

Werden die Eigenschaften von Numbrs mit den Anforderungen aus der Erhebung verglichen, wird deutlich, dass die Applikation den Wunsch der Anzeige aller Konten von unterschiedlichen Banken in einer Anwendung und den Wunsch zur Möglichkeit eines Wechsels zu besseren Angeboten unterstützt. Diskrepanz besteht darin, dass die integrierte Anzeige und Verknüpfung von weiteren Finanzdienstleistungen, insb. Versicherungen, noch nicht möglich ist. Individuelle und günstigere Angebote, zumindest für Bank-Services, werden hingegen aktiv vorgeschlagen. Das Sicherheitsbedürfnis der Kunden bezüglich Datenschutz und Transparenz sollte beispielsweise durch Zertifizierungen der IT-Infrastruktur und -Services gegeben sein. Eine Kommunikation in natürlicher Sprache ist dagegen bisher nicht verfügbar.

ROBIN: Digitale Anlageberatung und Vermögensverwaltung der Deutschen Bank

Seit Anfang 2018 wurde ROBIN, kurz für ROBoter-INvest, in die Webseite der Deutschen Bank integriert. ROBIN ist der digitale Anlageberater, der in Kooperation mit Maxblue[5] die Kunden der Deutschen Bank in ihrer automatisierten Geldanlage unterstützt (vgl. *Schneider* 2017a). Den gleichen Ansatz verfolgt zum Beispiel die Partnerschaft der ING Diba AG mit dem FinTech-Unternehmen Scalable Capital aus München (vgl. *Scalable Capital Vermögensverwaltung GmbH* 2018).

Auf Basis von RPA übernimmt der Robo Advisor in Form eines App-basierte Software-Roboters hierbei teils menschliche Arbeitsschritte. In der Software programmierte Ablaufschritte sind aufeinanderfolgend aufgebaut und beliebig skalierbar. Eine so vorgefertigte Prozesskette kann vom Roboter jederzeit wieder durchlaufen und abgearbeitet werden. Der Robo Advisor ist das Backbone System und leitet den User in den einzelnen Arbeitsschritten durch den Prozess auf der Internetseite oder in der App des Anbieters (vgl. *PricewaterhouseCoopers* 2017b).

Die Vorgehensweise des Robo Advisors ROBIN bei der digitalen Vermögensverwaltung durchläuft fünf Phasen. Im ersten Schritt muss der

---

[5] Maxblue ist das Online-Brokerage-Angebot der DB Privat- und Firmenkundenbank AG (vgl. maxblue 2018).

Anleger Fragen zu seiner Geldanlage beantworten. Hierbei geht es um die Ermittlung der Risikobereitschaft. Die Software erstellt daraufhin eine Risikotragfähigkeitseinschätzung. Die nächste Phase beschreibt die strategische Asset-Allokation in der der Robo-Advisor-Algorithmus eine Anlageempfehlung aus einer Verteilung des Anlagebetrags auf verschiedene Vermögensklassen vornimmt. Als nächstes wird der Anlagevorschlag konkretisiert (taktische Asset-Allokation). Dies geschieht in Deutschland größtenteils auf Basis von Indexfonds, insb. sog. Exchange Traded Funds (ETF), da diese verhältnismäßig kostengünstig sind. Je nach Kategorisierung wird aufgrund der Risikobereitschaft ein Anlagepaket gewählt. In einem nächsten Schritt erfolgen der automatisierte Onboarding-Prozess durch den Robo Advisor und die Einbuchung der Wertpapiere in das Anlegerdepot. Im letzten weiterführenden Schritt, dem Re-Balancing, wird periodisch nach einiger Zeit überprüft, ob die Soll-Allokation des Anfangs noch vorhanden ist. Die Vermögensklassenverteilung kann sich durch Kursänderungen am Markt im Laufe der Zeit ändern. Diesen Umstand gleicht das Re-Balancing wieder aus. Somit wird der anfängliche Verteilungsvorschlag durch ein gewisses Risikomanagement in Kombination mit menschlichen Portfoliomanagern periodisch wiederhergestellt und fortlaufend plausibilisiert (vgl. *Bahlinger* 2018).

Diese Lösung bedient eher spezifische Anforderungen und benötigt einen Anwenderkreis, der sich mit Anlage- und Vermögensverwaltung auseinandersetzt. Es wird auf Anwender abgezielt, die selbst nur wenig oder keine Zeit haben, sich mit dem aktiven Handel der Finanzprodukte zu beschäftigen. Die Wichtigkeit von Anlageprodukten und Trading sind im Anforderungsprofil der Erhebung am geringsten. Da Vertrauen ein maßgebendes Kriterium darstellt, muss die Langzeitbetrachtung zeigen, ob diesem Ansatz das nötige Vertrauen geschenkt wird.

„IAmErica" der Bank of America

Ein weiterer Service im Sinne eines digitalen Finanzberaters, ist der Service „IAmErica" der Bank of America. Das Projekt startete Ende 2016. Die Bank of America hat als eine der ersten Großbanken im Mai 2018 begonnen ihren virtuellen Finanzassistenten Erica bei nun allen Mobilfunkkunden auszurollen und einzuführen. Erica basiert auf KI und hilft den Benutzern der Bank, auf Kontostandinformationen zuzugreifen, Geld zwischen Konten zu transferieren, Geld an Freunde zu senden und Meetings mit Kundenberatern zu planen und zu buchen. Kunden können mit Erica über Sprachbefehle, Chat oder per Touchscreen interagieren. Die Bank of America reagiert damit auf Wünsche ihrer Kunden, die digital mit der Bank kommunizieren und virtuelle finanzielle Abläufe verbessern wollen (vgl. *Marous* 2018; *Hudson* 2018).

Erica wird vorerst in der Bank of America App integriert und nutzt diese, um den geführten Sprachdialog zu visualisieren. Sie bietet eine personalisierte Finanzberatung auf der Grundlage von Ausgabemustern. Die Nutzungsdaten der Banking App zeigen, dass sich die Nutzer pro Quartal im Schnitt 46 Mal eingeloggt haben, also jeden zweiten Tag mit Erica kommunizieren. Die Sprachausgabe (Voice) ist hierbei aber nur der Ausgabeteil, der Erica mit einer sehr realistischen Stimme interessant macht. Erst durch die dahinterliegend arbeitende KI in Form von ML Predictive Analytics (basierend auf Big Data der Nutzer) bietet die virtuelle Finanzassistentin einen Mehrwert für Nutzer. Erica ist nicht auf die einfache Wiedergabe von Fakten beschränkt, sondern schlägt umsetzbare Empfehlungen vor. So startet das System zum Beispiel proaktiv einen neuen Dialog, wenn es neue Erkenntnisse gibt. Dies geschieht dann zum Beispiel in Form einer proaktiven Sprachnachricht (Beispiel: „As I have your attention, did you know that…"). Hat der Nutzer gerade keine Zeit zu kommunizieren, sendet Erica eine SMS mit allen Informationen für die Beantwortung zu einem späteren Zeitpunkt (vgl. *Otero* 2016).

Mit diesem Ansatz sind eine Interaktion und Feedback zwischen dem Kunden und dem digitalen Berater in natürlicher Sprache jederzeit gewährleistet. Erica kommt der Anforderung nach aktiven Meldungen von Änderungen im Finanzmarkt wie z.B. von Empfehlungen besserer Angebote nach. Eine individuell zugeschnittene Beratung ist in Form einer Analyse der Kundendaten und daraus abgeleiteter Empfehlungen größtenteils gegeben. Das einfache Transferieren von Geld an Freunde, was in den offenen Fragen einzelner Teilnehmer der Befragung genannt wurde, wird hiermit ebenfalls möglich. Dieser digitale Finanzassistent ist in Deutschland jedoch bisher nicht verfügbar.

Messenger Chatbots (Wells Fargo, Ally Bank)

Ein Banking Chatbot Service für den Facebook Messenger ist der digitale Banking Assistent von der Bank Wells Fargo. Ziel ist die Erreichung der Kunden und Adressierung ihrer Finanzangelegenheiten in den sozialen Medien. Durch die in Kapitel 2.3 beschriebene Funktionsweise beantwortet der Chatbot Finanzfragen auf Basis von NLP (vgl. *Marous* 2018).

Nach dem gleichen Prinzip arbeitet der virtuelle Assistent der Ally Bank. Dieser ist ein integrierter Chatbot Service in der Ally Banking App. Der Assistent kann per Sprache oder Text gestartet werden und kann Zahlungen ausführen oder Kontenübersichten und Umsätze präsentieren. Die Kommunikation läuft über natürliche Sprache und basiert auf ASR und NLP. Durch ML und Predictive Data Analytics werden Konten und Transaktionen analysiert, um relevante Hilfethemen und Nachrichten vorherzusagen und bereitzustellen (vgl. *Marous* 2018).

Mit dieser Art von digitalen Assistenten ist Informationsverarbeitung in natürlicher Sprache, aber auch in Textform möglich. Vorhersagen zu Kontoständen zu einem bestimmten Zeitpunkt sind möglich, jedoch liegt diese Anforderung aus Kundensicht eher im Mittelfeld. Diese beiden digitalen Assistenten sind bisher in Deutschland ebenfalls nicht verfügbar.

Amazons Alexa

Allgemeine Multi-Banking-Tools sind in verschiedenen Ausprägungen seit Anfang 2018 in der Projektphase vieler deutscher Finanzdienstleister. Ein besonders präsentes Beispiel ist hierbei Amazons Alexa Skill für Financial Services. Der Nutzer kommuniziert über die verschiedenen Amazon-Lautsprecher (Amazon Echo) oder per Alexa App auf Smartphone oder Tablet mit der virtuellen Sprachassistentin Alexa. Sie ist die intelligente Software-Schaltzentrale des Amazon Systems. Grundgedanke des sprachgesteuerten Lautsprechersystems von Amazon war ursprünglich der Einstieg in das Smart-Home-Produkt-Segment. Per Sprachbefehl können TV, Internetradio und andere Hardware gesteuert werden. Voraussetzung hierfür ist die Anbindungen der Endgeräte (Devices) an das System bzw. das Internet. Über die sogenannten Alexa Skills, die externe Anwendungen steuern, werden die Funktionen stetig aktualisiert und erweitert. Alle Sprachbefehle werden über die Lautsprecher an die Amazon Cloud weitergeleitet. Diese Audiodaten werden dann in der Cloud-Plattform unter KI-Methoden weiterverarbeitet und beantwortet (vgl. *Baykara* 2018). Die Mehrheit der Funktionen bezieht sich auf das Ausführen verschiedener Transaktionen im IoT und das Steuern von Apps. Die vereinfachte Funktionsweise von Alexa ist in Abbildung 20 dargestellt:

Abbildung 20: Vereinfachte Funktionsweise von Alexa

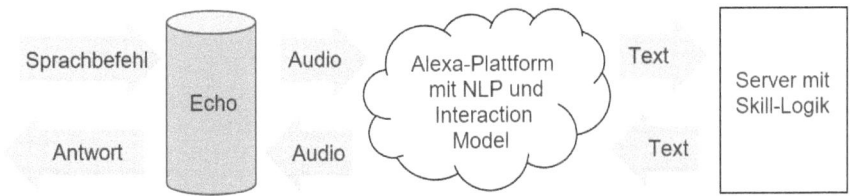

Quelle: Eigene Abbildung in Anlehnung an *Wölk* 2017

Inzwischen haben jedoch auch die Finanzdienstleister den Sprachassistenten entdeckt und versuchen über Voice Banking die Bank und deren Leistungen näher an den Kunden zu tragen. Das sogenannte Voice Banking etabliert sich immer mehr zu einem User Interface (vgl. *Leichsenring* 2018a).

Seit Ende April 2018 ist im deutschsprachigen Raum der „Volksbanken Raiffeisenbanken Skill" gestartet und im Alexa Skill Store verfügbar. In der ersten Ausbaustufe des Skills erhalten Volksbanken Raiffeisenbanken Kunden allgemeine Informationen zu ihrer Bank und deren Leistungen in natürlicher Sprache. Der Nutzer kann sich beispielsweise über Kontomodelle, Aktienkurse, Öffnungszeiten und Beratertermine informieren (vgl. *Schmergal* 2018). Das Ausführen von Zahlungstransaktionen und somit zum Beispiel das Bezahlen einer Rechnung oder die Abfrage des Kontostandes per Sprache unterbindet Amazon bisher in Deutschland noch. Als Anbieter allumfänglicher Banking Skills würde Amazon in Deutschland zwingend eine Bankenlizenz benötigen und laut der PSD2 als Account Aggregation Service Provider (AASP) fungieren. Dies ist nach Angaben von Amazon momentan wegen Datenschutzbestimmungen in der EU nicht denkbar. Fragen in Bezug auf kundenspezifische, sensible Daten wie Kontostände, Umsätze und Zahlungen werden deshalb in Europa vom Alexa Skill bisher nicht bedient (vgl. *Brecht* 2018).

Amazons Alexa in Verbindung mit den Volksbanken Raiffeisenbanken erfüllt nur hinreichend die Anforderungen aus Kundensicht an einen digitalen Finanzberater. Kommunikation und Rückmeldung auf Fragen in natürlicher Sprache sind möglich, jedoch können einfache Onlinebanking-Funktionen wie Überweisungen, Kontostandabfrage, etc. nicht abgewickelt werden. Auch wird eine individuell zugeschnittene Beratung nicht angeboten. Dieser Ansatz fungiert aktuell eher als einfache Informationsplattform für Bankprodukte, als dass er einen digitalen Finanzberater darstellt. Grundsätzlich wäre das Potenzial für eine umfangreichere Nutzung jedoch vorhanden.

Google Assistant Banking der Sparkassen

Ein Pendant zu Amazons Alexa ist der digitale Sprachassistent von Google. Die Sparkassen haben ein Pilotprojekt seit Februar 2018 mit einer Sparkassen-Sprachanwendung (Action) gestartet (vgl. *Schneider* 2018).

Zugriff auf Kontodaten erhält der User über die Google Home Lautsprecher per ASR oder der Google Assistant App auf dem Smartphone. Der zentrale IT-Dienstleister der Sparkassen-Finanzgruppe entwickelte hierfür ein eigenes kleines Google-Programm, welches mit der KI von Google kooperiert. Damit wird eine Sprachinteraktion zwischen Nutzer, Google Assistant und Sparkassen-IT-Infrastruktur möglich. Das Programm heißt Sparkassen-Banking-Action und soll zukünftig weiter ausgerollt werden. Die Nutzer benötigen einen Google-Account, ein Smartphone mit Google Assistant, die Applikation Sparkassen-Banking-Action verknüpft mit der Google-Home-App und ein freigeschaltetes Onlinebanking der Sparkasse. Abfragen nach Kontostand, Umsätzen oder Limits für Umsatzzeiträume werden durch eine Voice-PIN abgesichert; diese wird zusammen mit dem weiteren Funktionsumfang über die Onlinebanking-Internet-Plattform der Sparkasse eingerichtet. Die Authentifizierung zwischen Google Assistant und User erfolgt über das OAuth 2.0 (Open Authorization) als sichere und standardisierte API-Autorisierung. Die komplette Kommunikation findet unter Verschlüsselung statt und läuft über die gesicherte Verbindung zum Onlinebanking der Sparkasse. Es werden keinerlei vollständige Kontoinformationen oder Kundendaten an Google weitergeleitet. Der Funktionsumfang soll schrittweise erweitert werden, zum Beispiel im Hinblick auf signaturfreie Überweisungen sowie die Abfrage von Depots und des elektronischen Postfaches (vgl. *Klein* 2018).

Durch die Verbindung mit Google Assistant ist Feedback in natürlicher Sprache möglich, jedoch nur die Abfrage von Kontoständen, Umsätzen oder Limits. Funktionen wie die Ausführung von Überweisungen und Daueraufträgen, etc. sind über den Sprachassistenten aktuell nicht möglich. Der Ansatz erfüllt somit die Anforderung nach dem herkömmlichen Onlinebanking in der aktuellen Ausbaustufe noch nicht. Auch dieser Ansatz fungiert momentan eher als Plattform für Informationen anstatt als vollwertiger digitaler Finanzberater.

Apples Siri zum Beispiel in Verbindung mit der Postbank

Einen sehr ähnlichen Ansatz verfolgt die Postbank seit Ende 2016 mit der Spracherkennungssoftware Siri von Apple. Auch die Deutsche Bank und die Deutsche Kreditbank (DKB) sind Mitte 2017 mit ihren Banking Apps für iOS nachgezogen und ermöglichen die Unterstützung bei Zahlungen der Nutzer durch Siri (vgl. *Schneider* 2017b, *Deutsche Kreditbank AG* 2018). Siri arbeitet mit ASR und NLP, erkennt Sprache direkt und lernt im Rahmen von Deep Learning über einen Sprachalgorithmus bis zu einem gewissen Maße dazu, um die Qualität der Interaktion zu steigern (vgl. *Schwan* 2017). Auch bei dieser Art Bankgeschäfte zu erledigen, wird am Ende zwingend die herkömmliche Bestätigung und Freigabe der Zahlungsanweisung per Fingerabdruck, Banking-PIN, Passwort oder TAN-Verfahren über Smartphone oder Computer benötigt. Voraussetzung für den reibungslosen Ablauf ist die Hinterlegung der Kontodaten aller Kontakte oder das Speichern von Überweisungsvorlagen (vgl. *Lerch-Palm* 2016).

Diese Lösung ist ähnlich zum Alexa-Ansatz und ermöglicht kein wirkliches Banking. Sie ist im jetzigen Status ein Unterstützungs- und Informationstool. Dieses wird sprachgesteuert und kann Feedback in natürlicher Sprache geben. Die wichtigsten Anforderungen aus der Erhebung erfüllt diese Lösung nur unzureichend. Eine individuell zugeschnittene Beratung ist ebenfalls nicht gegeben.

Watson bei der Deutschen Bank

International Business Machines (IBM) hat mit Watson einen Supercomputer entwickelt, der verschiedenste Technologien mit KI und Analytics Software vereint. Er wurde nach dem Gründer des IBM Konzerns Thomas J. Watson benannt und wird vorwiegend als Frage-Antwort-System verwendet (vgl. *Rouse* 2017).

Watson ist ein künstliches, kognitives Computing System. Mit hochmodernen Algorithmen für natürliche Spracherkennung und deren Verarbeitung erkennt Watson nicht nur Zusammenhänge in natürlicher Sprache, sondern ist auch in der Lage in Echtzeit nach Lösungen im World Wide Web zu suchen und entsprechende Antworten zu geben, so wie es ein Mensch auch tun würde.

Watson besteht neben einem modularen Softwareprogramm, verschiedenen Frameworks und Algorithmen aus einem Großrechnersystem. Mit Hilfe von KI arbeitet dieses System als eine semantische Suchmaschine. Als technische Grundlage für Watson dient die IBM Softwareengine DeepQA

(Deep Question Answering). In Echtzeit können mit Hilfe eines Rechnerverbundes von 90 Servern, die je aus einem 8-Core-Prozessor und 16 Terabyte Arbeitsspeicher bestehen, 200 Millionen Seiten an Dokumenten bzw. unstrukturierten Informationen parallel durchsucht werden (Data Mining). Diese Informationen werden anhand von ca. sechs Millionen logischen Regeln (Data Analytics) verarbeitet, ausgewertet und für die Beantwortung in natürlicher Sprache herangezogen. Watson ist es somit jederzeit möglich eine äußerst umfangreiche Datenbank als Antwortgrundlage zu nutzen.

Mit Hilfe eines linguistischen Präprozessors wird die DeepQA Software dabei unterstützt natürliche Sprache in ihre kleinsten Grundbestandteile zu zerlegen und daraus einen für die Maschine verständlichen Sinn zu entwickeln. In einem nächsten Schritt werden über verschiedene Suchmaschinen der Watson Server Hypothesen für eine mögliche Antwort generiert. Es wird sowohl in der internen Datenbank als auch im angebundenen Internet nach Optionen für die Antwortgenerierung gesucht. Fehler von Watson können durch ML sowie den ex-post Vergleich mit den richtigen Antworten nach und nach verbessert und dadurch zukünftig minimiert werden (vgl. *Rouse* 2017; *Rauch* 2016).

Über die Cloud-Plattform IBM Bluemix ist Watson mittlerweile als Webservice für jedermann zugänglich. Unternehmen oder Privatanwender können aus verschiedenen Watson Services wählen und auf diese über APIs zugreifen. Hierbei kann die Integration von bestehenden Watson-Fähigkeiten in Eigenentwicklungen durchgeführt oder aber die Entwicklung von neuen Watson-Anwendungen im Geltungsbereich angestoßen werden. Der bekannteste Watson Service – *Question and Answer* – erlaubt die Programmierung von Apps, die Fragen durch Informationen aus Internetseiten, Blogeinträgen, Social Media, Handbüchern oder Broschüren beantworten (vgl. *Rouse* 2017). Einen Anwendungsbereich im Finanzsektor zeigt seit Ende 2017 die Deutsche Bank. Watson kommt hier im internen KI-System Artificial Intelligence Client Communication Centre (AI-C^3) zum Einsatz. Die Deutsche Bank setzt Watson für die Entwicklung eines skalierbaren, personalisierten, kognitiven Beratungsmodells zur Unterstützung der Kunden und der Berater in internen und externen Prozessen ein. Die Qualität und die Geschwindigkeit der Beratungen sollen somit erheblich optimiert werden. Persönliche, individuelle Gespräche können mit relevanten Informationen durch Watson angereichert und mit passenden Produkten für den Kunden bestückt werden. Die Bank verspricht sich so maßgeschneiderte Lösungen für ihre Kunden durch die Analyse strukturierter und unstrukturierter Daten (vgl. *Peyton* 2017).

Dieser digitale Finanzberatungsansatz kann die Anforderung aus der Erhebung nach einer individuell zugeschnittenen Beratung und das Finden maßgeschneiderter Finanzlösungen sehr gut erfüllen. Er stellt jedoch keine End-User-Lösung dar; es wird aktuell lediglich die Beratungsleistung eines persönlichen Beraters unterstützt und individuell angepasst. Der Ansatz könnte die Anforderung derjenigen, die weiterhin eine persönliche Beratung wünschen, spezifischer treffen und unterstützten. Feedback und automatisierte Antworten können von dem System durch ML verbessert werden und kommen hiermit dem Bedürfnis nach spezifischerer Rückmeldung und entsprechendem Antwortverhalten nach.

Versicherungsassistent EVA

Auch in der Versicherungsbranche sind digitale Assistenten in der Erprobung. Mit EVA stellte IBM in Zusammenarbeit mit der INTER Versicherung Mannheim seit Ende 2017 einen kognitiven Chatbot bereit, der auf der kognitiven Watson-Technologie basiert. EVA, als digitaler Beratungsassistent, beantwortet Interessenten rund um die Uhr Fragen zu Versicherungsprodukten und unterstützt beim Online-Abschlussprozess (vgl. *Dinzler* 2018). Der Text des Users wird per NLU analysiert und aus einer vordefinierten Antwortpool-Datenbank durch NLG beantwortet. Falls der User bereits Kunde ist werden alle relevanten bereits hinterlegten Daten für weitere Bearbeitungen berücksichtigt. Durch vorprogrammierte Algorithmen setzt EVA an den passenden Dialogstellen Tabellen und Abbildungen anhand von Schlüsselwörtern der Interessenten ein. Dadurch wird eine einfache und schnelle Prozessgestaltung des digitalen Versicherungsabschlusses geschaffen.

Mit diesem Assistenten wird es ermöglicht mehr Online-Optionen für die INTER Versicherung zur Verfügung zu stellen. In der empirischen Erhebung werden die aktuellen Möglichkeiten im Versicherungsbereich als unzureichend eingeschätzt, daher würde dieser Ansatz einen Beginn für mehr Möglichkeiten und für einen besseren Online-Austausch im Versicherungsbereich darstellen. Eine Verbindung zu anderen, weiteren Versicherungen wird bisher nicht berücksichtigt, selbst wenn diese die Anforderungen besser bedienen würde.

Clark – digitaler Versicherungsmanager

Das InsurTech Clark bietet Anwendern ein Versicherungs- und Renten-Cockpit in einer mobilen App für das Smartphone oder Tablet. Mit einer TÜV-Zertifizierung für einen geprüften Datenschutz besitzt Clark ein komplett unabhängiges, branchenübergreifendes Versicherungsportfolio. Clark kooperiert aktuell mit über 160 Versicherern. Dem User wird mit einem übersichtlichen Aufbewahren und Ablegen seiner Versicherungsverträge, als digitale Dokumente, eine Gesamtübersicht des Umfangs seiner Versicherungsleistungen ermöglicht. Der Mehrwert besteht in der Analyse dieser bestehenden Versicherungen und dem Abgleich mit passenderen Angeboten unter Zuhilfenahme des eigenentwickelten KI-Algorithmus und RPA. Der Nutzer kann sich die Vorschläge ansehen und direkt entscheiden sie wahrzunehmen. Durch die Zusammenarbeit von Clark mit Finanzinstituten wurde ein Renten-Cockpit entwickelt mit dem der Anwender seine persönliche Rentensituation dynamisch verfolgen kann. Hierfür muss der Nutzer seine aktuellen Rentendokumente (private, betriebliche und gesetzliche Altersvorsorge) per App in seinen Account laden. Anhand von Rentenprognosen, wissenschaftlicher Kriterien und analysierten Rahmenbedingungen wird das zu erwartende Netto-Einkommen und die ggf. entstehende Rentenlücke im Alter berechnet und simuliert. Sollte eine Vorsorgelücke entstehen, so schlägt der Clark-Algorithmus Handlungsempfehlungen vor, um diese in Zukunft zu schließen. Mit der Mitte 2018 vorgestellten B2B-Lösung von Clark für Versicherer und Banken kann hier die Basis für ein ganzheitliches Online-Management zwischen Endkunden, Banken und Versicherungen entstehen. Banken und Versicherungen können die Clark-Technologie als Lizenzierungsmodell nutzen und in ihre eigenen Banking-Apps oder Webseiten integrieren (vgl. *Oster* 2017; *Oster* 2018).

Auch dieser Ansatz kommt der Anforderung nach mehr Online-Angeboten im Versicherungsbereich nach. Er bietet die Möglichkeit zu Rentenprognosen und gibt Empfehlungen, um eventuelle Versorgungslücken zu vermeiden. Das Sicherheitsbedürfnis aus den erhobenen Anforderungen wird durch die genannte TÜV-Zertifizierung bedient. Durch die Integration dieser Lösung mit bestehenden Multibanking Apps würde es möglich sowohl Versicherungen als auch Banken (für den Kunden) miteinander zu verknüpfen.

Nachdem die einzelnen Ansätze kurz vorgestellt wurden, wird in der folgenden Tabelle (siehe Abbildung 21) das Ergebnis eines Abgleichs der Eigenschaften dieser Ansätze mit den 10 wichtigsten Anforderungen aus der empirischen Erhebung als Übersicht dargestellt (Skala: ++ Größtenteils erfüllt; + Teilweise erfüllt; - Nicht erfüllt; o Nicht bewertbar).

Abbildung 21: Anforderungsvergleich mit bestehenden Ansätzen

Anforderungen aus Kundensicht	Numbrs	ROBIN Deutsche Bank	IAmErica Bank of America	Messenger Chatbot Bank Wells Fargo/Ally Bank	Amazons Alexa Volksbanken- und Raiffeisenbank	Google Assistant Sparkasse	Apple Siri Postbank	IBM Watson Deutsche Bank	EVA INTER Versicherung	Clark
Ein System, das alle Konten, Versicherungen, etc. miteinander verbindet	+	-	-	-	-	-	-	-	-	+
Individuell zugeschnittene Beratung und Finanzangebote	+	+	++	+	-			++	+	++
Ständige Verfügbarkeit	++	++	++	++	++	++	++	(+)*	++	++
Unabhängigkeit	++	-	-	-	-	-	-	-	-	++
Sicherheit, Transparenz, Vertraulichkeit	++	+	+	o	+	++	+	+	+	++
Unstandardisierte Fragen, Antworten und Feedback via natürlicher Sprache	-	-	++	+	+	+	+	(+)*	-	-
Einfaches und übersichtliches User Interface	++	+	++	++	++	++	++	(+)*	+	++
Möglichkeit zum Online-banking (Überweisungen, Daueraufträge, etc.)	++	-	+	+	-	-	-	-	-	-
Aktive Meldung von Änderungen der Finanzprodukte und Konten	+	-	++	-	-	-	-	-	-	++
Digitale Ausweisfunktion	+	-	o	-	-	-	-	-	-	+

Matching zu den eruierten Anforderungen:
++ Größtenteils erfüllt; + Teilweise erfüllt; - Nicht erfüllt; o Nicht bewertbar
* In Bezug auf den persönlichen Finanzberater (für den Kunden nicht sichtbar)

Quelle: Eigene Darstellung

Der Vergleich der bereits bestehenden Ansätze mit den Anforderungen aus der Erhebung zeigt, dass die vorhandenen Ansätze und Applikationen zum Teil bereits einzelne der eruierten Bedürfnisse und Anforderungen aus der empirischen Erhebung gut abdecken können. Als durchgängig erfüllt zeichnet sich eine ständige Verfügbarkeit ab. Einfachheit, Übersichtlichkeit und strukturiertes Frondend-Design bedienen alle betrachteten Lösungsansätze.

Ein wesentlicher Aspekt, der jedoch noch unzureichend berücksichtigt wird, ist die Verfügbarkeit der Einzelbestandteile in einer anbieterübergreifenden und unabhängigen Anwendung. Im Idealfall stellen sich die Befragten ein System vor, das alle Finanzdienstleistungen und -beratungen in einer Applikation miteinander vereint und somit über verschiedene Unternehmens-Standards hinweg agieren kann. Aktuell verfügbar sind jedoch eher Einzel-Features in verschiedenen Applikationen, die zum größten Teil nicht miteinander verknüpft werden können. Dies kollidiert mit der Anforderung einer einfachen übergreifenden Handhabung und mit dem Wunsch nach Verknüpfung aller Finanzdienstleistungen. Des Weiteren deckt die Mehrheit der Lösungen Grundbedürfnisse aus der Erhebung wie eine ganzheitliche Onlinebanking-Funktion nicht ab. Ebenfalls kaum erfüllt werden die Punkte hinsichtlich aktiver Meldung bei Änderungen von Finanz-Services und die digitale Ausweisfunktion bei der Mehrzahl der Ansätze. Durch die fehlende Legitimationsfunktion wird die direkte Inanspruchnahme von neuen Finanzdienstleistungen eingeschränkt. Die bestehenden Ansätze hinsichtlich Onlinebanking bieten aktuell keinen direkt wahrnehmbaren Mehrwert gegenüber konventionellen Banking Apps, da diese weiterhin parallel benötigt werden.

Auch wenn einige Einzellösungen die Anforderungen aus Kundensicht bereits in Teilen gut erfüllen können, stehen die geforderte Anwenderfreundlichkeit und Einfachheit eines digitalen Finanzberaters der Komplexität und Vielzahl von Einzellösungen gegenüber.

6.2 Kritische Betrachtung des digitalen Finanzberaters

Dem theoretischen Mehrwert eines digitalen Finanzberaters treten dennoch einige Barrieren entgegen. Die Umfrageergebnisse machen deutlich, dass Sicherheitsaspekte eine wesentliche Rolle für die Befragten darstellen. Gerade wenn Anwenderdaten im Hintergrund mit weiteren Informationen zur Person verknüpft werden, können detaillierte Rückschlüsse auf Individualebene gezogen werden. Hier zeigen sich Akzeptanzprobleme bei den Teilnehmern, da unklar ist, inwieweit die Daten für andere Zwecke genutzt oder sogar missbraucht werden könnten. Die Ansammlung riesiger Datenmengen durch das KI-System unterliegt auch immer strikteren Daten-schutzgesetzen. Hier stellt sich die Frage, wie ein Konsens zwischen der Wahrung persönlicher Daten und dem individuellen Zuschneiden von Fi-nanzangeboten gefunden werden kann (vgl. *Kurz* 2018).

Eine Ausgestaltung des digitalen Finanzberaters mit individuell zuge-schnittenen Funktionen ist zudem immer auch an länderspezifische Rah-menbedingungen gebunden. Bei der Analyse der bestehenden Ansätze wurde deutlich, dass außerhalb von Deutschland bzw. Europa der Funkti-onsumfang durchaus größer ist, und dass die Applikationen geringeren ge-setzlichen und regulatorischen Hemmnissen ausgesetzt sind. U.a. in Deutschland existieren strengere Datenschutzrichtlinien, die einerseits die Funktionsumsetzung teilweise einschränken und andererseits die Anbieter zwingen, komplexere Lösungen zur Einhaltung der Datenschutzbestim-mungen umzusetzen (vgl. *Everling/Lempka* 2016, S. 6).

Unabhängig von Sicherheitsbedenken, stellt auch die Komplexität der Informationsbedürfnisse der Kunden einen digitalen Finanzberater vor große Herausforderungen. Ein Großteil des Informationsbedarfs zusätzlich zum digitalen Finanzberater könnte mit Hilfe der Selbst-Exploration der Kunden gedeckt werden. Durch einen digitalen Finanzberater entsteht die Möglichkeit einer zielgruppen- und lösungsorientierten Beratung. Durch die Analyse der individuellen persönlichen Situation können dem Kunden zugeschnittene Produkte zur Verfügung gestellt werden (vgl. *Oehler* 2016, S. 3).

Zudem liegen bisher nur wenig Langzeit-Erkenntnisse über den tat-sächlichen Erfolg von Alogrithmen-getriebenen Geldanlagen über Robo Advisors bzw. Finanz-Roboter vor; viele Anbieter zeigen zwar Rückrech-nungen, diese sind jedoch nicht mit tatsächlichen Einsätzen gleichzustellen. Es wird daher spannend zu sehen, wie sich Robo Adviser in längeren Pha-sen mit negativer Kursentwicklung oder mit stark schwankenden Kurs-werten halten. Ein erster kleiner Stresstest konnte bereits Anfang 2018 beo-bachtet werden: beim Kursrückgang an den internationalen Börsen im Feb-ruar 2018 fielen die Aktienmärkte (u.a. DAX, Dow Jones) um bis zu 10 Pro-zent. Anleger, die auf Robo Advice setzten verloren dagegen „nur" vier bis acht Prozent. Dieses Beispiel zeigt, dass „autonome Entscheidungen" eines Finanz-Roboters Turbulenzen am Aktienmarkt zwar ggf. eindämmen kön-nen, aber auch dass die Schwierigkeit, den richtigen Zeitpunkt tiefer Kurse zum Kauf und hoher Kurse zum Verkauf zu finden und zu treffen, bisher auch Finanz-Roboter nicht in Gänze lösen können (vgl. *Freiberger* 2018).

Auch ethische sowie rechtliche Fragestellungen drängen sich beim Einsatz eines digitalen Finanzberaters auf Basis von KI auf. Dabei geht es darum, wer für KI in Bezug auf den digitalen Finanzberater die Verantwortung übernimmt. Insbesondere wenn selbstlernende Systeme zum Einsatz kommen, stellt sich die Frage, wer bei den teilweise autonom getroffenen Entscheidungen zur Verantwortung gezogen werden kann (vgl. *Kurz* 2018).

Da KI-Systeme in bestimmten Grenzen vorprogrammiert sind, kann es zudem zu einer Art Diskriminierung kommen, wenn Menschen für weitere Entscheidungen des Systems ausgeschlossen werden. Im Hinblick auf den digitalen Finanzberater könnte es demnach beispielsweise passieren, dass Kunden mit bestimmten Charakteristika einzelne Produkte vorenthalten werden., basierend auf Fehlableitungen des vorprogrammierten und lernenden Systems, Auch diese ethischen Fragestellungen sind in weiten Teilen noch unbeantwortet und müssen bei der Realisierung dieser Systeme berücksichtigt werden (vgl. *Kurz* 2018).

6.3 Empfehlungen

Die Analyse der Kundenerwartungen und der Vergleich der bereits bestehenden Ansätze für einen digitalen Finanzberater legt den Schluss nahe, dass viele Lösungen einem Großteil der Kunden nicht vertraut oder gar bekannt sind. Um eine höhere grundsätzliche Akzeptanz in der avisierten Zielgruppe zu schaffen, sollte eine deutlich höhere Awareness für Lösungsansätze eines digitalen Finanzberaters bei den Kunden geschaffen werden. Dies kann beispielsweise durch zielgerichtetes Marketing und Multi-Channel-Management effizient geschehen.

Neben dem grundsätzlichen Bekanntheits- und Akzeptanzproblem deuten die Ergebnisse darauf hin, dass der digitale Finanzberater den persönlichen, menschlichen Kontakt zumindest in naher Zukunft nicht vollumfänglich substituieren kann. In Problemsituationen oder bei stark erklärungsbedürftigen Produkten wird der persönliche Beraterkontakt weiterhin unumgänglich sein. Dieser Kontakt muss aus Sicht der Kunden jedoch nicht zwangsweise in einer Filiale oder Geschäftsstelle stattfinden. Ein digital arbeitender, menschlicher Berater via Skype oder auch per Telefon ist denkbar und aus aktueller Perspektive häufig ausreichend.

Die Ergebnisse zeigen, dass Vertrauen in einen digitalen Finanzberater geschaffen werden muss. Eine Möglichkeit besteht darin, dass einer digitalen Lösung eines klassischen, etablierten Finanzinstituts in Kooperation mit FinTechs mehr Vertrauen entgegengebracht würde als den Lösungen von FinTech-Unternehmen in Eigenregie (vgl. *PricewaterhouseCoopers* 2017c).

Wie die Shapley Value Analyse (Treiberanalyse) für Vertrauen aus Kapitel 5.2 aufzeigt, können zwei der drei Haupttreiber mit Hilfe KI-naher Prozesse beschrieben werden. Feedback in natürlicher Sprache kann durch NLP bei einem digitalen Finanzberater umgesetzt werden und das Aufzeigen von Wechselmöglichkeiten zu günstigeren Angeboten wird u.a. durch Predictive Data Analytics möglich.

Die Stärkung des Vertrauens in einen digitalen Finanzberater geht damit einher, dass natürliche Sprache zum Einsatz kommt. Laut den Ergebnissen der Treiberanalyse wird Vertrauen u.a. dadurch vorangetrieben. Schlussfolgernd sollte NLP in flüssiger und empathischer Form als Kommunikationsbasis der Lösungen dienen, damit das Gespräch einen möglichst natürlichen Charakter hat. Darüber hinaus ist vor allem NLU mit tiefer linguistischer Modellierung eine wichtige Basis für autonomes Lernen. Nur wenn sichergestellt ist, dass der digitale Finanzberater auch versteht was der Kunde sagt oder schreibt, gewinnt er allmählich das Vertrauen der Kunden. Voraussetzung dafür ist, dass der digitale Berater über einen langen Zeitraum mit immer wieder neuen Daten trainiert und gegebenenfalls von menschlicher Hand nachkorrigiert wird. Das Modell von Kauz zeigt, wie strukturiertes Lernen für einen digitalen Berater in Zukunft aufgebaut sein müsste. Neben grammatikalischem Sprachwissen, Branchenwissen, Vokabularspezifika und einem breiten Spektrum an Kommunikationsregeln, sollten Ontologie, Pragmatik, Semantik und Syntax als Grundlage in den Lernprozess einfließen (vgl. *Miller* 2017).

Vorstellbar wäre eine Weiterentwicklung des Watson-Systems von IBM hin zu einer End-User-Lösung. Bei diesem Ansatz werden die genannten Aspekte bereits umfassend erprobt, sind jedoch bisher noch nicht auf die End-User-Kommunikation ausgerichtet. Dieses Modell als Lösungsansatz für Konsumenten bietet großes Potenzial die Anforderungen der Kunden zu erfüllen und einen vertrauensvollen, digitalen Finanzberater bereitzustellen.

Um die Vielzahl an Finanz-Apps für den Endkunden zu konsolidieren, bestünde die Möglichkeit ein Multibanking-Tool wie es Numbrs funktionell abbildet um Funktionen zu Versicherungen, Bausparen, etc. zu erweitern. Vor allem bei Versicherungen und beim Bausparen gibt es wahrgenommene Defizite in der Online-Nutzungsmöglichkeit. Hier bedarf es einer Lösung, die mehrere Accounts für Versicherungen, Bausparen, etc. zumindest in der Übersicht miteinander verknüpft. Dies könnte über die Richtlinie PSD2 und der Option für ein Open Banking für klassische Finanzdienstleister umgesetzt werden. Hierbei könnte durch den Netzwerkaufbau mit FinTechs und InsurTechs die Bank als Bank as a Platform (BaaP) fungieren, ähnlich einem Supermarkt für Finanzprodukte durch die Nutzung von open APIs (vgl. *Fiore* 2018).

Durch die daraus resultierende Weitergabe der Anmelde- und Nutzungsdaten für jegliche Accounts an die Lösung bzw. das Institut, das diese Lösung anbietet, ist der Daten- und Informationsfluss sowie die Sicherheitsinfrastruktur kritisch zu prüfen (TÜV- oder ISO-Zertifizierungen). Die Ergebnisse der Erhebung haben gezeigt, dass dies eine der wichtigsten Anforderungen aus Anwendersicht darstellt. Um größtmögliche Sicherheit und gleichzeitiges Vertrauen der Kunden bzw. Anwender zu gewinnen, ist es empfehlenswert, eine Art Prüfstelle zwischenzuschalten. Hierbei könnten etablierte Unternehmen, die für hohe IT-Sicherheit stehen, als eine gemeinsame Plattform fungieren. Vorstellbare Organisationen in Deutschland wären hier beispielsweise das Bundesamt für Sicherheit in der Informationstechnik (BSI), das Fraunhofer Institut, die Information Systems Audit and Control Association (ISACA) oder die Bundesanstalt für Finanzdienstleistungsaufsicht (BaFin). Diese Institutionen könnten das Vertrauen der Anwender in entsprechende Lösungen stärken.

Eine andere Möglichkeit, um die Sicherheit in der Verwendung von Finanzdienstleistungen zu verbessern, wäre die Integration der Blockchain-Technologie in das Finanzdienstleistungsnetz. Gegebenenfalls lässt sich durch die Technologie die sichere, evaluierte Ablage und Verifizierung von Finanzdienstleistungsdokumenten integrieren, zusätzlich zum Beratungsaspekt eines digitalen Finanzberaters.

Wird der Gedanke einer Konsolidierung von Finanzdienstleistungen in einem Tool weiterverfolgt, gilt es kritisch zu hinterfragen, inwieweit dies tatsächlich möglich ist. Eine Kombination aller Services aus der Vielzahl an Finanzdienstleistungs-Apps ist zum aktuellen Zeitpunkt schwer realisierbar. In solch einem Gesamtkonstrukt müssten alle App-Hersteller wiederrum eine Art API für ihre App anbieten, um bestimmte Funktionen und Services dieser App durch eine „Gesamt-App" nutzen zu lassen. Würde solch ein fiktiver App-Funktions-Crawler existieren, müsste er Interapp-Kommunikation unterstützen, einen Standard für Login Credentials und andere standardisierte Identifikationsmerkmale aufweisen. Das Geschäftsmodell einer jeden einzelnen App mit ihrem USP wäre somit im Prinzip nicht mehr vorhanden. Einen ähnlichen Ansatz der Interapp-Kommunikation verfolgt Apple mit „Workflows". iOS Apps, die das Workflow-Feature unterstützen, können eine Interapp-Kommunikation untereinander über Siri „Shortcuts" realisieren.

Auch aus regulatorischer und länderspezifischer Sicht, ist eine Konsolidierung mehrerer Finanz-Apps zu einer großen Custom App eher kritisch zu betrachten. Individuelle Datenschutzbestimmungen, Verschlüsselungsvorgaben, Legitimationen und Autorisierungsverfahren würden eine Entwicklung nur einer Custom App nahezu unmöglich machen. Dieser Lösungsansatz würde an Beachtung gewinnen, wenn nicht nur Finanzinstitute, sondern auch Versicherungen, Bausparkassen, Immobilienberatungen, Krankenkassen, Steuerberater, Finanzämter und Arbeitgeber eine regulierte API zur Verfügung stellen müssten, um aus Sicht eines Custom-App-Anbieters auf kundenfreigegebene Daten zugreifen zu können. Im Prinzip sind die Ansätze von Alexa, Siri oder Google Assistant mit einer Konsolidierungslösung gleichzusetzen. Würden alle Finanz-Apps zum Beispiel zugehörige Alexa Skills, Siri Shortcuts oder Google Actions besitzen, würde der Nutzer unter dem Alexa-, Siri- oder Google-Konstrukt alle verteilten Services länderspezifisch nutzen können.

Die digitalen Assistenten in Form von Home-Lautsprecher-Devices wie Amazon Echo (mit der Software Alexa) könnten zu Legitimationszwecken für digitale Beratungen mit einem Fingerprint-Sensor und/oder einem embedded Subscriber Identity Module (eSIM) ausgestattet werden (vgl. *GSM Association* 2018). Mit dieser Option könnte ein sicheres, legitimiertes Onlinebanking als Grundanforderung aus den Erhebungsergebnissen möglich werden, ohne die PIN verbal an das Gerät kommunizieren zu müssen. Vorausgesetzt der Anbieter fungiert als AASP.

Die Legitimationsmethode, wie sie die elektronische Identifikation des deutschen Personalausweises (eID) ermöglicht, wäre hier ein möglicher Ansatzpunkt, um einen digitalen Finanzberater mit einer Schnittstelle zu dieser Authentifizierungsmöglichkeit bereitzustellen. Bisher ist diese Funktion nur Smartphones mit Near Field Communication (NFC) vorbehalten. Über die AusweisApp2 lassen sich durch die Auflage des Personalausweises auf den NFC Chip des Smartphones und Eingabe des PINs bereits mehrere „digitale Behördengänge" erledigen. Diese Methode erlaubt eine eindeutige Identifikation und benötigt kein persönliches Vorstellen in der jeweiligen Behörde. Somit ließen sich auch kritische Finanzangelegenheiten wie Immobilienrechte oder Nachlassangelegenheiten in Zukunft digital abwickeln (vgl. *Bundesministerium des Innern* 2017).

Übergreifend lässt sich für ein fiktives Finanzdienstleistungsunterneh-men ableiten, dass digitale Lösungen als bequeme und smart funktionie-rende Finanz-Assistenten den Konsumenten fast unbemerkt unterstützen sollten. Eine menschlich funktionierende Spracherkennung und -ausgabe als Teildisziplinen der KI stehen dabei zukünftig ebenso als Erfolgsfaktoren im Fokus wie wohlselektierte Kooperationen mit anderen Technologieun-ternehmen. Eine breite Technologie-Vernetzung kann zudem für vielfältige Finanz-Services sorgen. Neue KI-Weiterentwicklungen müssen dabei früh-zeitig evaluiert und adaptiert werden, um den Kundenanforderungen ge-recht zu werden.

7 Zusammenfassung und kritische Würdigung

Es existieren starke Markteinflüsse, die auf den Finanzsektor einwirken, diesen vor neue Herausforderungen stellen und zum Umdenken zwingen. FinTechs und andere Unternehmensformen wie InsurTechs strömen mit neuen und innovativen Ideen in den Finanzmarkt. Durch die neue europäische Richtlinie PSD2, die Anfang 2018 in Kraft getreten ist, werden diesen Unternehmensformen neue Möglichkeiten und noch mehr Freiheiten eröffnet. Klassische Finanzdienstleister werden aufgefordert, über Schnittstellen ausgewählte Kontodaten unter Zustimmung der Kunden zur Verfügung zu stellen. Dies führt zu einer veränderten Rollenverteilung unter den Beteiligten. Allerdings können klassische Finanzdienstleister von ihrer Position als Experten im Umgang mit vertraulichen Informationen sowie Risikoverteilung in gewinnbringenden Kooperationen auch profitieren und somit eine neue Rolle im Gesamtgefüge annehmen.

Großes Potenzial zur Veränderung für klassische Finanzdienstleister haben digitale Assistenten bzw. Beratungsansätze und die damit einhergehende Technologie der KI inne. Diese bietet großen Spielraum zur Verbesserung von Unternehmensprozessen sowie zur zielgerichteteren, individuellen Kundenansprache. Einige Finanzdienstleister haben bereits Ansätze eines digitalen Finanzberaters, meist in Kooperationen, entwickelt, jedoch befinden sich viele Entwicklungen im Bereich der digitalen Finanzberatung noch im Anfangsstadium. Services als Ansätze eines digitalen Finanzberaters sind zum Beispiel die IBM-Watson-Einführung bei der Deutschen Bank, Erica von der Bank of America, Amazons Alexa Skill, Siri in Verbindung mit der Postbank oder der Versicherungsassistent EVA. Der Großteil dieser Ansätze bzw. Kooperationen ist erst in den letzten Monaten marktreif geworden. Sie bieten unterschiedliche Finanz-Services an und bedienen somit verschiedene Anforderungen der Kunden.

In einer Online-Erhebung mit 73 Teilnehmern wurden die Einstellungen und Anforderungen an einen digitalen Finanzberater aus Kundensicht eruiert. Die Ergebnisse der Erhebung stellen deutlich dar, dass die Vorstellungen eines digitalen Finanzberaters sehr heterogen sind. Ein Teil der Befragten stellt sich eben genau diese Form eines rein digitalen Finanzberaters vor, also ein von Algorithmen-gesteuertes System, welches zu jeder Zeit verfügbar ist, individuelle Angebote unterbreitet und sämtliche Angebote des Marktes miteinander abgleicht. Der andere Teil der Befragten stellt sich einen menschlichen, persönlichen Berater vor, der nicht in einer Filiale, sondern mit einem digitalen Video-Auftritt berät. Der größte Teil der Umfrageteilnehmer kann sich vorstellen, von einem online-basierten, digitalen

Finanzberater beraten zu werden. Für die Meisten ist dies jedoch ohne das Backup eines persönlichen, menschlichen Beraters noch nicht vorstellbar. Die Befragten wünschen sich vor allem auf sie persönlich zugeschnittene, individuelle Angebote und Beratung mit ständiger Verfügbarkeit und Unabhängigkeit von zum Beispiel Provisionsmodellen der Berater. Weitere Anforderungsschwerpunkte liegen bei der Sicherheit, beim Datenschutz, der Vertraulichkeit und Transparenz. Bei den Funktionsanforderungen liegen das Onlinebanking, (automatisierte) Meldungen von Änderungen auf den Konten, die Anzeige aller in Anspruch genommenen Finanzdienstleistungen sowie die digitale Ausweisfunktion unter den Anforderungen mit höherer Wichtigkeit. Die drei meistgenannten Haupttreiber für Vertrauen sind aktive Meldung der Kreditkartenbelastung, Feedback in natürlicher Sprache und das Aufzeigen von Wechselmöglichkeiten zu günstigeren Angeboten.

Die Vergleichsanalyse der bereits vorhandenen Ansätze mit den in der Erhebung gewonnenen Anforderungen von Kunden macht deutlich, dass die bestehenden Lösungen die Kundenanforderungen teilweise bedienen könn(t)en; allerdings scheinen diese noch weitgehend unbekannt zu sein. Die angestrebte Einfachheit und Verbindung der Bestandskonten in einzelnen wenigen Anwendungen ist mit den bisherigen Ansätzen noch nicht abgegolten. Hier bedarf es einer Optimierung der Lösungsansätze, um die Anforderungen besser bedienen zu können und gleichzeitig dem Bedürfnis nach Sicherheit, Vertraulichkeit und Transparenz nachzukommen.

Um die Bekanntheit der bisherigen Lösungen zu steigern, muss Awareness für diese Lösungen geschaffen werden. Möglichkeiten hierzu bietet beispielsweise ein zielgerichtetes Marketing mit Multi-Channel-Management. Ein persönlicher Berater scheint in naher Zukunft noch nicht vollständig substituierbar, jedoch könnte dieser durchaus digital zur Verfügung stehen, beispielsweise per Video-Chat-Software.

Das Vertrauen in den digitalen, online-basierten Finanzberater kann gestärkt werden, indem das Digitalangebot von einem etablierten Finanzdienstleister bereitgestellt wird. Eine weitere Option, um das Vertrauen zu steigern, verspricht die empfundene Authentizität des digitalen Beraters durch natürliche Sprache und damit einhergehend ein besseres Verstehen des Kunden mit Hilfe von NLU. Dabei stellen die sichere Datenanalyse und -verarbeitung sowie das Trainieren des digitalen Beraters die Basis dar.

Ein ganzheitlicher Ansatz, der die Anforderungen scheinbar gut erfüllen könnte, ist das Großrechnersystem Watson auf KI-Basis. Würde diese

Lösung zu einer End-User-Lösung weiterentwickelt werden, könnten Konsumenten direkt von diesem System profitieren.

Konsolidierungslösungen könnten beispielsweise von Amazons Alexa, Apples Siri oder dem Google Assistant durch AASP-Lizensierung bereitgestellt werden. Die jeweiligen Skill- und Action-Programmierungen der verschiedenen Finanz-Apps sind dabei die Voraussetzung. Um die Usability dieser Home Devices bei Finanztransaktionen zu vereinfachen bzw. non-verbal zu ermöglichen, wäre die Implementierung eines Fingerprints und/oder eSIM für die eindeutige Legitimation denkbar. Auch die eID als Legitimationsmethode per NFC ist hier eine weitere mögliche Variante.

Bei kritischer Betrachtung der vorliegenden Untersuchung gilt es anzumerken, dass sich die Analyse der bestehenden Ansätze eines digitalen Finanzberaters auf die Online-Literaturrecherche, -Sekundäranalyse und vereinzelte Praxistests stützt. Eine Aufschlüsselung der genauen Lösungsprozesse hinter den Ansätzen sowie eine Bewertung der Lösungen im Detail ist u.a. aus Geheimhaltungsgründen der einzelnen Anbieter nicht vollumfänglich umsetzbar. Weiterhin ist kritisch anzumerken, dass es sich bei der empirischen Analyse um eine Fallzahl handelt, die zwar erste Aussagen über Tendenzen in den Einstellungen und Anforderungen zulässt, jedoch keine feststehenden Prozentsätze für die Grundgesamtheit darstellt. Auf Basis der Ergebnisse und Empfehlungen aus der Online-Erhebung könnte (in Zusammenarbeit mit Finanzdienstleistungsunternehmen) ein umfangreiches Konzept erstellt werden, in das Einzelbestandteile aus bestehenden Lösungsansätzen und abgeleitete Optimierungsvorschläge einfließen können. Dieses könnte in einer nächsten Analysestufe einer qualitativen Analyse unterzogen und anschließend quantitativ überprüft werden.

8 Fazit und Ausblick

Der digitale Finanzberater basierend auf einem Algorithmen-gesteuerten System bzw. KI-Technologie ist als unterstützendes Tool und Informationsquelle für Finanzdienstleistungen aus Kundensicht klar gewollt. Es existieren heterogene Funktionsanforderungen an einen solchen Berater. Bestehende Ansätze erfüllen die Anforderungen nur partiell und müssen funktionell erweitert bzw. weiterentwickelt werden. Lösungen auf Basis von Natural Language Processing werden womöglich schneller akzeptiert, da diese an eine authentische, menschliche Kommunikation angelehnt sind. Denkbare Lösungsansätze müssen mit Hilfe von ML und Predictive Data Analytics Erkenntnisse aus Nutzerdaten sammeln und dem Nutzer durch individuelle Verknüpfungen einen klaren Mehrwert aufzeigen.

In Deutschland werden Funktionseinschränkungen bei digitalen Finanz-Services noch durch Regulatorik und Datenschutzrichtlinien bedingt. Werden Ansätze über Europa hinaus betrachtet, sind diese mit bereits erweitertem Funktionsumfang verfügbar. Die Digital Big Four (Google, Apple, Facebook, Amazon) arbeiten daran, ihre Lösungen für finanzielle Services auszubauen, auch für Deutschland. Amazon plant beispielsweise eine Partnerschaft mit einer internationalen Bank, um in die Banksparte einzutreten. Das Unternehmen möchte hierdurch die Möglichkeit erwirken, ein eigenes Girokonto anbieten zu können. Mit diesem Vorhaben wird der Weg zu neuen digitalen Finanz-Services mit erweiterten, innovativen Funktionen der größten Technologiekonzerne bereitet (vgl. *Wendel* 2018; *Oenning* 2018).

Können diese Services auf Deutschland ausgeweitet werden, so wird der Finanzsektor vor weiteren herausfordernden Aufgaben stehen, die dessen Position, auch aus technologischer Sicht, ins Wanken bringen könnten. Das Vertrauen der Nutzer in Finanz-Services als Applikationen liegt vor allem in Deutschland noch bei traditionellen Finanzinstituten. Dieses Vertrauen dürfte sich aber in den nächsten Jahren verstärkt auf Lösungen der FinTechs und großer, internationaler Technologiekonzerne ausweiten. Spannend ist hierbei die Entwicklung, welches etablierte Finanzhaus mit welchem wettbewerbsfähigen Technologiepartner in Kooperation treten könnte. Einen Technologieschub könnte es mit dem Ende der Einführungsfrist der PSD2 im September 2019 geben (vgl. *Deutsche Bank Gruppe* 2018).

Auf Basis der Ergebnisse der empirischen Erhebung ist zu vermuten, dass es bis zur großflächigen Nutzung digitaler Finanz-Services über Alexa und Co. in Deutschland einerseits noch einige Zeit dauern wird und dass das Vertrauen der Kunden schrittweise gewonnen werden muss; andererseits sind sprachbasierte Technologien und Anwendungen bereits dabei sich langsam aber sicher im Alltag zu etablieren. Viele Facetten des Lebens sind schon mit Sprachassistenten-Lösungen verknüpft; Konsumenten erwarten hier, dass dies auch im Hinblick auf Finanzangelegenheiten in Zukunft „smart" funktionieren wird.

Festgestellt werden kann zudem, dass die KI-unterstützte digitale Finanzberatung zukünftig vermehrt angeboten werden wird. Durchschnittsanforderungen sind auf digitalem Weg meist ohne persönlichen Berater erfüllbar. Kunden, die dieser Technologie noch sehr kritisch gegenüberstehen, werden sich dennoch mit der neuen digitalen Finanzberatung auseinandersetzen müssen, wobei die Akzeptanz mit der Zeit voraussichtlich zunehmen wird.

KI-basierte Finanzberatung und KI-Technologien haben generell immer noch Schwächen gegenüber dem Menschen. Auch Haftungsfragen in Bezug auf Entscheidungen, die autonome Systeme getroffen haben, sind zum jetzigen Zeitpunkt noch nicht ausreichend beantwortet. Daher wird der digitale Finanzberater in naher Zukunft, zumindest bei komplexeren Finanzthemen, den persönlichen Beraterkontakt nicht vollumfänglich ersetzen können, zumal im Bereich der Finanzberatung auch Faktoren wie Empathie eine nicht zu vernachlässigende Rolle spielen. Dies kann aktuell von einem digitalen Finanzberater in Form eines KI-basierten Applikationskonstrukts noch nicht in vollem Umfang dargestellt werden (vgl. *Leichsenring* 2018b). Allerdings wird es auch in diesem Bereich mit der Zeit weitere Fortschritte geben.

Literaturverzeichnis

Alt, Rainer/Puschman, Thomas (2016): Digitalisierung der Finanzindustrie – Grundlagen der Fintech-Evolution, Berlin Heidelberg: Springer-Verlag Berlin Heidelberg, 2016

Andelfinger, Volker P./Hänisch, Till (2015): Internet der Dinge – Technik, Trends und Geschäftsmodelle, Wiesbaden: Springer Fachmedien Wiesbaden, 2015

Another Monday Service GmbH Deutschland (2018): RPA – Das steckt hinter der Magie - Die Grundlagen von Robotic Process Automation, <https://www.anothermonday.com/danke/?file=download/8969/> (2018) [2018-06-16]

Bahlinger, Thomas (2018): Robo Advice, <https://www.th-nuernberg.de/einrichtungen-gesamt/kompetenzzentren/finanzen/robo-advice/> (2018) [2018-06-23]

Baron, Oliver (2018): Wie Trader mit KI-Einsatz ganz groß Kasse machen, <https://www.godmode-trader.de/artikel/ki-wie-trader-ganz-gross-kasse-machen,5834436> (2018-04-06) [2018-06-23]

Baykara, Selim (2018): Amazon Alexa: Features und Funktionen im Überblick, <https://www.giga.de/audio/amazon-echo/specials/amazon-alexa-features-und-funktionen-im-ueberblick> (2018-03-20) [2018-04-25]

Becker, Thomas/Knop, Carsten (2015): Digitales Neuland – Warum Deutschlands Manager jetzt Revolutionäre werden, Wiesbaden: Springer Fachmedien Wiesbaden, 2015

Brecht, Nadine (2018): Endlich reden wir wieder – doch Alexa schweigt?!, (Voice-Banking Teil 2), <https://innovationsblog.dzbank.de/2018/05/14/endlich-reden-wir-wieder-doch-alexa-schweigt-voice-banking-teil-2/> (2018-05-14) [2018-06-15]

Brühl, Volker/Dorschel, Joachim (2018): Praxishandbuch Digital Banking, Wiesbaden: Springer Fachmedien Wiesbaden GmbH, 2018

Bundesamt für Sicherheit in der Informationstechnik - BSI (2018): Digitale Gesellschaft - Cloud Computing Grundlagen - Was ist Cloud Computing, <https://www.bsi.bund.de/DE/Themen/DigitaleGesellschaft/CloudComputing/Grundlagen/Grundlagen_node.html> (2018) [2018-05-06]

Bundesministerium des Innern (2017): Der Personalausweis mit Online-Ausweisfunktion, <https://www.personalausweisportal.de/SharedDocs/Downloads/DE/Flyer-und-Broschueren/eID_Broschuere.pdf?__blob=publicationFile&v=3> (2017-05) [2018-09-02]

Chaudhuri, Arindam/Mandaviya, Krupa/Badelia, Pratixa/Ghosh, Soumya K. (2017): Optical Character Recognition Systems for Different Languages with Soft Computing, Cham: Springer International Publishing AG, 2017

DataCamp, Inc. (2018a): rcorr.adjust, <https://www.rdocumentation.org/packages/Rcmdr/versions/2.0-4/topics/rcorr.adjust> (2018) [2018-07-04]

DataCamp, Inc. (2018b): lm, <https://www.rdocumentation.org/packages/stats/versions/3.5.1/topics/lm> (2018) [2018-07-04]

DATACOM Buchverlag GmbH (2017a): OCR (optical character recognition), <https://www.itwissen.info/OCR-optical-character-recognition-OZE-Optische-Zeichenerkennung.html> (2017-05-11) [2018-06-25]

DATACOM Buchverlag GmbH (2017b): Graphen-Datenbank, <https://www.itwissen.info/Graphen-Datenbank-graph-database.html> (2017-09-18) [2018-05-30]

Deutsche Bank Gruppe (2018): Ten PSD2 essentials. <http://cib.db.com/insights-and-initiatives/flow/ten_psd2_essentials.htm> (2018-01) [2018-05-30]

Deutsche Kreditbank AG (2018): Überweisen per Spracheingabe – Siri macht's möglich, <https://www.dkb.de/info/ueberweisen-mit-siri/> (2018) [2018-07-12]

Dinzler, Andre (2018): „Hallo, ich bin EVA, Ihre digitale Assistentin": INTER Versicherung goes digital mit Chatbot EVA, <https://www.ibm.com/de-de/blogs/think/2018/01/11/inter-versicherung-chatbot/> (2018-01-11) [2018-06-28]

Dorschel, Joachim (2015): Praxishandbuch Big Data – Wirtschaft – Recht – Technik, Wiesbaden: Springer Fachmedien Wiesbaden GmbH, 2015

EdgeVerve Systems Limited (2017): Blockchain Technology – From Hype To Reality, <http://stagingwww.infosysapps.com/finacle/resources/industry-reports/Pages/register-blockchain-research-paper.aspx> (2017) [2018-05-02]

Emamjomeh, Navid Monteiro/Krüger, Marcus (2017): Robotic Process Automation (RPA) – welcher Roboter passt zu mir?, <https://www.cronos.de/files/cronos/cronos%20Info/ci%2044/ci44_PDF/Robotic%20Process%20Automation%20(RPA).pdf> (2017-05) [2018-06-25]

enuvo GmbH (2018): Produkte & Preise, <https://www.umfrageonline.com/?url=plan&nosurvey=1&student#student> (2018) [2018-04-29]

Everling, Oliver/Lempka, Robert (2016): Finanzdienstleister der nächsten Generation – Megatrend Digitalisierung: Strategien und Geschäftsmodelle, Frankfurt: Frankfurt School Verlag, 2016

Fiore, Vincenzo (2017): Künstliche Intelligenz: Riskiert der Bankberater, durch Chatbots ersetzt zu werden?, <https://www.it-finanzmagazin.de/kuenstliche-intelligenz-bankberater-vincenzo-fiore-auriga-63004/> (2017-12-27) [2018-04-29]

Fiore, Vincenzo (2018): PSD2 und Open Banking: Was wird nun aus den Banken? Deutsche Kreditinstitute müssen umdenken, <https://www.der-bank-blog.de/psd2-open-banking/strategie/32969/> (2018-04-17) [2018-05-16]

Fraunhofer-Gesellschaft e.V. (2017): Trends für die künstliche Intelligenz, <https://www.fraunhofer.de/content/dam/zv/de/publikationen/broschueren/Trends-fuer-die-kuenstliche-Intelligenz.pdf> (2017) [2018-04-25]

Freiberger, Harald (2018): Roboter sind auch nur Menschen, <https://www.sueddeutsche.de/wirtschaft/geldanlage-roboter-sind-auch-nur-menschen-1.3993845> (2018-05-30) [2018-06-21]

Freiknecht, Jonas (2014): Big Data in der Praxis – Lösungen mit Hadoop, HBase und Hive Daten speichern, aufbereiten, visualisieren, München: Carl Hanser Verlag München, 2014

Gentsch, Peter (2018): Künstliche Intelligenz für Sales, Marketing und Service – Mit AI und Bots zu einem Algorithmic Business – Konzepte, Technologien und Best Practices, Wiesbaden: Springer Fachmedien Wiesbaden GmbH, 2018

GFT Group (2017): Banking Expert Survey 2017, <https://www.gft.com/microsites/digital-banking-survey-2017/de/de/> (2017-10-25) [2018-06-01]

Gischer, Horst/Herz, Bernhard/Menkhoff, Lukas (2012): Geld, Kredit und Banken – Eine Einführung, 3. Aufl., Berlin Heidelberg: Springer-Verlag Berlin Heidelberg, 2012

Grömping, Ulrike (2016): relaimpo, <http://prof.beuth-hochschule.de/groemping/software/relaimpo/> (2016-05-06) [2018-07-03]

GSM Association (2018): eSIM – the SIM for the next Generation of Connected Consumer Devices, <https://www.gsma.com/esim/> (2018) [2018-09-02]

Half, Robert (2016): Finance 2020 – Die Zukunft planen, <https://www.roberthalf.de/sites/roberthalf.de/files/legacy-pdfs/finance2020_roberthalf_de.pdf> (2016) [2018-04-26]

Handelsblatt GmbH o.A. (2018): HSBC is shaking up a centuries-old industry using blockchain, <https://www.handelsblatt.com/finanzen/maerkte/aktien/r3-blockchain-konsortium-soll-boersengang-anstreben/22799580.html?ticket=ST-4986812-3M6twaZghh3A1UH-KcRxp-ap2> (2018-07-13) [2018-07-16]

Heide, Dana/Specht, Frank (2018): Deutschland hinkt bei künstlicher Intelligenz hinterher – ein Masterplan der Bundesregierung soll das ändern, <https://www.handelsblatt.com/technik/thespark/forschung-deutschland-hinkt-bei-kuenstlicher-intelligenz-hinterher-ein-masterplan-der-bundesregierung-soll-das-aendern/22812582.html?ticket=ST-973084-shKoxA6ARO0ZfviKMf0R-ap6> (2018-07-18) [2018-08-03]

Heinze, Florian (2017): Digitalisierung - In welchen Branchen brennt die Luft?, <https://www.nexpert.de/digitalisierung/situation/betroffene-branchen-beispiele/> (2017) [2018-04-25]

Hintermeier, Claus (2017): Künstliche Intelligenz ist die Zukunft des Bankwesens - Neue Möglichkeiten durch neue Technologien, <https://www.der-bank-blog.de/kuenstliche-intelligenz-zukunft/technologie/27943/> (2017-07-17) [2018-05-02]

Honey, Christian (2015): Neuronale Netzwerke - Wie ein künstliches Gehirn das Träumen lernt, <https://www.zeit.de/digital/internet/2015-07/neuronale-netzwerke-google-inception> (2015-07-10) [2018-05-12]

Hudson, Caroline (2018): Bank of America rolls out AI assistant Erica to all mobile customers, <https://www.bizjournals.com/charlotte/news/2018/05/21/bank-of-america-rolls-out-ai-assistant-erica-to.html> (2018-05-21) [2018-06-24]

Jähnichen, Stefan (2018): Blockchain einfach und kurz erklärt, <https://www.cio.de/a/blockchain-einfach-und-kurz-erklaert, 3562805> (2018-08-24) [2018-08-26]

Kallus, K. Wolfgang (2016): Erstellung von Fragebogen, 2. Aufl., Wien: Facultas Verlags- und Buchhandels AG, 2016

Klein, Ulrich (2018): Voice-Banking: Google Home verrät Sparkassen-Kunden Kontostand - Kontostand abfragen mit Google Home und Google Assistant, <https://www.homeandsmart.de/google-assistant-sparkasse-kontostand-abfragen> (2018-03-12) [2018-06-19]

Kollmann, Tobias/Schmidt, Holger (2016): Deutschland 4.0 – Wie die Digitale Transformation gelingt, Wiesbaden: Springer Fachmedien Wiesbaden, 2016

Kremer, Jörg (2018): Künstliche Intelligenz – vom Aufblühen einer alten Disziplin, <https://www.bigdata-insider.de/kuenstliche-intelligenz-vom-aufbluehen-einer-alten-disziplin-a-733836/> (2018-07-17) [2018-07-18]

Kurz, Constanze (2018): Ethische Fragen bei Künstlicher Intelligenz: Mit welchen Herausforderungen müssen wir umgehen?, <https://netzpolitik.org/2018/ethische-fragen-bei-kuenstlicher-intelligenz-mit-welchen-herausforderungen-muessen-wir-umgehen/> (2018-01-06) [2018-07-08]

Leichsenring, Hansjörg (2018a): Studie: „Voice-Banking" liegt im Trend - Alexa, Siri & Co auf dem Vormarsch, <https://www.der-bank-blog.de/studie-voice-banking/studien/digitalisierung-finanz-dienstleistung/32370/> (2018-04-24) [2018-08-10]

Leichsenring, Hansjörg (2018b): Künstliche Intelligenz und Innovation Labs im Banking, <https://www.der-bank-blog.de/kuenstliche-intelligenz-innovation/lesenswert/32482/> (2018-03-03) [2018-09-02]

Lerch-Palm, Kerstin (2016): Postbank Finanzassistent: Siri-Funktion vereinfacht Überweisungen - Ohne die Banking-App zu öffnen: Spracherkennung bietet Alternative zum Eintippen von Überweisungsdaten, <https://www.postbank.de/postbank/pr_presseinformation_2016_04_10_postbank_finanzassistent_siri_funktion_vereinfacht_ueberweisungen.html?hl=siri> (2016-10-04) [2018-07-12]

Lüken, Johannes/Schimmelpfennig, Heiko (2014): Anwendung des Shapley Value, <https://www.ifad.de/wp-content/uploads/2018/06/Statistik-Kompakt-6-14_.pdf> (2014-06) [2018-08-05]

Marous, Jim (2018): Meet 11 of the Most Interesting Chatbots in Banking, <https://thefinancialbrand.com/71251/chatbots-banking-trends-ai-cx/> (2018-03-14) [2018-06-24]

Matzer, Michael (2017): Cognitive Computing - Vom Machine Learning zur Künstlichen Intelligenz Anwendungsgebiete für Cognitive Computing Werkzeuge, Technologien und Hochleistungsinformatik, <https://www.bigdata-insider.de/cognitive-computing-v-38646-12529/> (2017-10-05) [2018-05-13]

Mauerer, Jürgen (2018): Big-Data-Trends im Überblick - Was ist was bei Predictive Analytics?, <https://www.cio.de/a/was-ist-was-bei-predictive-analytics,3098583> (2018-01-31) [2018-05-06]

maxblue (2018): Impressum, <https://www.maxblue.de/impressum.html> (2018) [2018-08-22]

Meyer, Jens-Uwe (2016a): Digitale Disruption – Die nächste Stufe der Innovation, Göttingen: BusinessVillage GmbH, 2016

Meyer, Jens-Uwe (2016b): Warum die Berater das nächste Opfer der Digitalisierung sind, <http://www.manager-magazin.de/digitales/it/digitalisierung-digitale-berater-sind-ein-wichtiges-zukunftsthema-a-1090014.html> (2016-04-30) [2018-07-15]

Miller, Alisa (2017): Kauz im Start-up Pitch – Freundliche Künstliche Intelligenz, <http://insurelab.de/kauz-im-start-up-pitch-freundliche-kuenstliche-intelligenz/> (2017-09-13) [2018-09-02]

Moeser, Julian (2017): Künstliche neuronale Netze – Aufbau & Funktionsweise, <https://jaai.de/kuenstliche-neuronale-netze-aufbau-funktion-291/> (2017-09-27) [2018-05-12]

Moser, Sibylle (2011): Konstruktivistisch forschen - Methodologie, Methoden, Beispiele, 2. Aufl., Wiesbaden: Springer VS - VS Verlag für Sozialwissenschaften, 2011

Niehoff, Wilhelm/Hirschmann, Stefan (2017): Aspekte der Digitalisierung in Banken, Köln: Bank-Verlag GmbH, 2017

NIST (2011): The NIST Definition of Cloud Computing, <http://nvlpubs.nist.gov/nistpubs/Legacy/SP/nistspecialpublication800-145.pdf> (2011) [2018-05-06]

norisbank GmbH (2018): Direktbanken werden immer beliebter - Warum die Deutschen ihrer Bank nicht mehr bedingungslos treu sind, <https://www.presseportal.de/pm/71699/3877772> (2018-02-28) [2018-05-31]

Numbrs Personal Finance AG (2017): Postbank und Norisbank kooperieren mit Centralway Numbrs, <https://www.kreditwesen.de/bankmarkt/ergaenzende-informationen/bank-markt-meldungen/postbank-norisbank-kooperieren-centralway-numbrs-id37425.html> (2017-01-26) [2018-05-10]

Numbrs Personal Finance AG (2018a): Numbrs App Funktionen, <https://www.numbrs.com/de/numbrs> (2018) [2018-05-31]

Numbrs Personal Finance AG (2018b): Numbrs Datenschutzerklärung, <https://www.numbrs.com/de/privacy-app> (2018-05-24) [2018-06-12]

Obermaier, Robert (2016): Industrie 4.0 als unternehmerische Gestaltungs-aufgabe – Betriebswirtschaftliche, technische und rechtliche Heraus-forderungen, Wiesbaden: Springer Fachmedien Wiesbaden, 2016

Oehler, Andreas (2016): Digitale Welt und Finanzen – Ergebnisse und Hand-lungsempfehlungen, <https://www.uni-bamberg.de/filead-min/uni/fakultaeten/sowi_lehrstuehle/finanzwirtschaft/For-schung/Andreas_Oehler_Digitale_Welt_und_Finanzen_Zahlungs-dienste_Finanzberatung_unter_einer_Digita-len_Agenda_20161802.pdf> (2016-01-19) [2018-07-08]

Oenning, Lisa (2018): Amazon tüftelt an Bankkonto-Angebot für eigene Kunden, <https://www.handelsblatt.com/finanzen/banken-versi-cherungen/medienbericht-amazon-tueftelt-an-bankkonto-angebot-fuer-eigene-kunden/21032820.html> (2018-03-05) [2018-06-11]

Oster, Christopher (2017): Versicherungsmanager Clark berechnet die Ren-tenlücke und gibt Tipps zur Vorsorge, <https://www.it-finanzma-gazin.de/versicherungsmanager-clark-berechnet-die-rentenluecke-58380/> (2017-10-09) [2018-06-28]

Oster, Christopher (2018): InsurTech Clark bietet digitale Versicherungstech-nologie als Whitelabel-Lösung, <https://www.it-finanzmaga-zin.de/insurtech-clark-bietet-digitale-versicherungstechnologie-als-whitelabel-loesung-69568/> (2018-04-19) [2018-06-29]

Otero, Rafael (2016): Voice Banking, <https://paymentandbanking.com/voice-banking/> (2016-10-29) [2018-07-08]

Petereit, Dieter (2016): Was ist eigentlich der Unterschied zwischen AI, Ma-chine Learning, Deep Learning und Natural Language Processing?, <https://t3n.de/news/ai-machine-learning-nlp-deep-learning-776907/> (2016-12-17) [2018-04-25]

Peyton, Antony (2017): Deutsche Bank jumps on IBM Watson for Germanic AI ambitions, <https://www.bankingtech.com/2017/10/deutsche-bank-jumps-on-ibm-watson-for-germanic-ai-ambitions/> (2017-10-12) [2018-06-24]

Pratzner, Axel (2018): Grundlegender Aufbau des Hauptteils, <https://www.fragebogen.de/grundlegender-aufbau-umfrage. htm> (2018) [2018-04-30]

PricewaterhouseCoopers (2017a): Chatbot: The intelligent banking assistant, <https://www.pwc.in/consulting/financial-services/fintech/fintech-insights/chatbot-the-intelligent-banking-assistant.html> (2017) [2018-06-16]

PricewaterhouseCoopers (2017b): Robotic Process Automation (RPA): Roboter im Ma-schinenraum, <https://www.pwc.de/de/finanz-dienstleistungen/digital/robotic-process-automation-rpa-roboter-im-maschinenraum.html> (2017-03-30) [2018-04-25]

PricewaterhouseCoopers (2017c): Umfrage: Kunden trauen bei Apps eher Banken als FinTechs, <https://www.pwc.de/de/pressemitteilun-gen/2017/kunden-trauen-bei-apps-eher-banken-als-fintechs.html> (2017-09-01) [2018-08-05]

Rauch, Gedeon (2016): Was ist Watson?, <https://www.bigdata-insi-der.de/was-ist-watson-a-572251/> (2016-09-01) [2018-06-09]

Rondinella, Giuseppe (2017): Deutsche Verbraucher sind bei künstlicher Intelligenz eher skeptisch, <https://www.horizont.net/tech/nach-richten/Studie-Deutsche-Verbraucher-sind-bei-kuenstlicher-Intelli-genz-eher-skeptisch-145773> (2017-02-02) [2018-05-01]

Rossmann, Alexander/Vejseli, Sulejman (2017): Banken Digital – Perspektiven der digitalen Transformation für die Bank der Zukunft, <http://www.bankendigital.de/banken-digital/> (2017-09) [2018-05-31]

Rouse, Margaret (2017): Definition – IBM Watson, <https://www.searchen-terprisesoftware.de/definition/IBM-Watson> (2017-03) [2018-05-22]

Rouse, Margaret (2018): Definition – natural language generation (NLG), <https://searchenterpriseai.techtarget.com/definition/natural-lan-guage-generation-NLG> (2018-02) [2018-05-23]

Scalable Capital Vermögensverwaltung GmbH (2018): Die Vermögensverwal-tung der Zukunft, <https://de.scalable.capital/> (2018) [2018-06-02]

Schiller, Kai (2018): Die Rolle der Kryptographie innerhalb der Blockchain-Technologie, <https://blockchainwelt.de/kryptographie-inner-halb-der-blockchain-technologie/> (2018-02-07) [2018-06-25]

Schmeier, Sven (2018): Chatbots sind der Einstieg in Conversational Banking - Künstliche Intelligenz eröffnet neue Möglichkeiten der Kommunikation, <https://www.der-bank-blog.de/chatbots-conversational-banking/digital-banking/31921/> (2018-04-10) [2018-07-07]

Schmergal, Melanie (2018): Voice-Banking der genossenschaftlichen Finanz-Gruppe gestartet: Volksbanken und Raiffeisenbanken bieten ihren Kunden Alexa Skill, <https://www.bvr.de/Presse/Alle_Meldungen/Voice_Banking_der_genossenschaftlichen_FinanzGruppe_gestartet_Volksbanken_und_Raiffeisenbanken_bieten_ihren_Kunden_Alexa_Skill> (2018-05-02) [2018-06-14]

Schmid, Ute (2015): Kognitive Systeme – Zielsetzungen, Ansätze, Anwendungen, <http://www.cogsys.wiai.uni-bamberg.de/slides/KogSysGITalk.pdf> (2015-04-15) [2018-05-13]

Schneider, Katharina (2017a): Bei der Deutschen Bank berät jetzt „Robin", <https://www.wiwo.de/digitale-vermoegensverwaltung-bei-der-deutschen-bank-beraet-jetzt-robin-/20704520.html> (2017-12-13) [2018-04-25]

Schneider, Katharina (2017b): Deutsche Bank ermöglicht Überweisungen per Siri, <https://www.handelsblatt.com/finanzen/banken-versicherungen/sprachassistent-deutsche-bank-ermoeglicht-ueberweisungen-per-siri/19828308.html?ticket=ST-4759681-rmA1dqdTZvrg-PiscjEgt-ap3> (2017-05-19) [2018-07-12]

Schneider, Katharina (2018): Google sagt den Kontostand – nicht nur bei der Sparkasse Stade-Altes Land, <https://www.wiwo.de/sprachanwendung-google-sagt-den-kontostand-nicht-nur-bei-der-sparkasse-stade-altes-land/20996452.html> (2018-02-23) [2018-06-14]

Schön, Dietmar (2016): Planung und Reporting – Grundlagen, Business Intelligence, Mobile BI und Big-Data-Analytics, 2., überarbeitete Aufl., Wiesbaden: Springer Fachmedien Wiesbaden, 2016

Schüppler, Ulrich (2018): Erste Immobilien per Blockchain handelbar, <https://www.immobilien-zeitung.de/146108/erste-immobilien-per-blockchain-handelbar> (2018-04-26) [2018-05-19]

Schwan, Ben (2017): Apple nennt Details zur Funktionsweise von "Hey Siri", <https://www.heise.de/mac-and-i/meldung/Apple-nennt-Details-zur-Funktionsweise-von-Hey-Siri-3865090.html> (2017-10-19) [2018-06-12]

Schwartz, Michael/Dapp, Thomas F./Beck, Günter W./Khussainova, Assem (2017): Deutschlands Banken schalten bei Filialschließungen einen

Gang höher – Herkulesaufgabe Digitalisierung, <https://www.kfw.de/PDF/Download-Center/Konzernthemen/Research/PDF-Dokumente-Fokus-Volkswirtschaft/Fokus-2017/Fokus-Nr.-181-Oktober-2017-Bankfilialen.pdf> (2017-10-08) [2018-05-31]

Selby-Green, Michael (2018): HSBC is shaking up a centuries-old industry using blockchain, <https://www.businessinsider.de/hsbc-ing-blockchain-trade-finance-cargill-soybeans-2018-5?r=US&IR=T> (2018-05-14) [2018-05-21]

Selz, Dorian (2018): Eine KI-Lösung muss stetig neue Datenquellen hinzufügen und analysieren, um bessere Treffer zu liefern, <https://www.it-finanzmagazin.de/ki-loesung-neue-datenquellen-hinzufuegen-analysieren-68487/> (2018-03-28) [2018-09-02]

Singh, Rahul (2018): Wie KI und kognitive Systeme die Finanzbranche verändern – vom Asset Management bis zum Versicherer, <https://www.it-finanzmagazin.de/ki-kognitive-technologien-finanzbranche-veraendern-70110/> (2018-05-03) [2018-05-22]

Sopra Steria SE (2017): Potenzialanalyse Künstliche Intelligenz 2017, <https://www.soprasteria.de/newsroom/publikationen/studie/potenzialanalyse-k%C3%BCnstliche-intelligenz> (2017-02) [2018-05-31]

Statista (2018a): Anzahl der Online-Girokonten in Deutschland in den Jahren 2009 bis 2016 (in Jahren), <https://de.statista.com/themen/872/online-banking/> (2018) [2018-07-14]

Statista (2018b): Prognose zur Anzahl der vernetzten Geräte im Internet der Dinge (IoT) weltweit in den Jahren 2016 bis 2020 (in Millionen Einheiten), <https://de.statista.com/statistik/daten/studie/537093/umfrage/anzahl-der-vernetzten-geraete-im-internet-der-dinge-iot-weltweit/> (2018) [2018-05-21]

Tapscott, Don/Tapscott, Alex (2018): Die Blockchain Revolution – Wie die Technologie hinter Bitcoin nicht nur das Finanzsystem, sondern die ganze Welt verändert, 4. Auflage, Kulmbach: Börsenmedien AG, 2018

Tata Consultancy Services (TCS) Deutschland GmbH/Bitkom Research GmbH (2017): Digitalisierung – Deutschland endlich auf dem Sprung?, <https://studie-digitalisierung.de/wp-content/uploads/2017/

11/Studie-Digitalisierung-Deutschland-endlich-auf-dem-Sprung.
pdf> (2017) [2018-04-25]

The Apache Software Foundation (2018): Apache Hadoop, <http://ha-
doop.apache.org/> (2018) [2018-05-27]

Theobald, Axel (2017): Praxis Online-Marktforschung - Grundlagen – Anwendungsbereiche – Durchführung, Wiesbaden: Springer Fachmedien Wiesbaden GmbH, 2017

Thielsch, Meinald T./Brandenburg, Torsten (2012): Praxis der Wirtschaftspsy-
chologie II - Themen und Fallbeispiele für Studium und Praxis,
Münster: Verlagshaus Monsenstein und Vannerdat OHG, 2012

Tiberius, Victor/Rasche, Christoph (2017): FinTechs Disruptive Geschäftsmodelle im Finanzsektor, Wiesbaden: Springer Fachmedien Wiesbaden
GmbH, 2017

TK-Landesvertretung Hessen (2018): TK stellt elektronische Gesundheitsakte
vor, <https://www.tk.de/tk/hessen/tk-spezial-schwerpunkthema
/elektronische-gesundheitsakte/981204#> (2018-05-02) [2018-07-03]

Träger, Thomas (2017): Top-Box, <http://www.management-infocen-
ter.de/dict/top-Box.php> (2017) [2018-07-08]

Tutanch (2017): Was sind unstrukturierte Daten?, <https://www.bigdata-
insider.de/was-sind-unstrukturierte-daten-a-666378/> (2017-11-28)
[2018-07-07]

Tutanch (2018): Was ist ein neuronales Netz?, <https://www.bigdata-insi-
der.de/was-ist-ein-neuronales-netz-a-686185/> (2018-02-18) [2018-
05-01]

Universität Augsburg (2018): Quantitative und qualitative Methoden,
<https://onlinekurslabor.phil.uni-augsburg.de/course/text/3880/
3102> (2018) [2018-04-25]

Weis, Florian (2012): Definition: Digital Native - Aufwachsen im digitalen
Zeitalter, <http://www.business-on.de/definition-native-digital-
immigrant-jahrgaenge-_id37346.html> (2012-06-05) [2018-04-29]

Wendel, Mariella (2018): Voice-Banking via Amazon Echo - Amazon als
Bank: Werden wir bald mit Alexa Geld überweisen?, <https://
www.homeandsmart.de/alexa-geld-ueberweisen> (2018-02-18)
[2018-07-11]

Wohlfarth, Miriam (2017): Die sechs größten Irrtümer von Banken, <https://www.welt.de/wirtschaft/bilanz/article169443724/Die-sechs-groessten-Irrtuemer-von-Banken.html> (2017-10-09) [2018-07-14]

Wölk, Julian (2017): User-Interfaces für Sprachassistenten: Die Magie von Alexa erklärt, <https://t3n.de/news/user-interfaces-fuer-sprach-assistenten-831249/> (2017-06-25) [2018-08-19]

Wollschläger, Daniel (2017): Grundlagen der Datenanalyse mit R - Eine anwendungsorientierte Einführung, 4. überarbeitete und erweiterte Auflage, Berlin: Springer-Verlag GmbH Deutschland, 2017

Anhang

Anhang I: Online-Fragebogen

EINLEITUNG:

Sehr geehrte/r Teilnehmer/in,

vielen Dank für Ihre Teilnahme. Mit dieser Befragung möchten wir gerne mehr darüber erfahren, wie Sie Finanzdienstleistungen in Ihrem Alltag nutzen. Die Befragung erfolgt im Rahmen einer wissenschaftlichen Studie. Bitte planen Sie für die Beantwortung ca. 10 Minuten ein.

Alle Informationen, die Sie uns im Rahmen dieser Befragung zukommen lassen, werden vertraulich behandelt und anonymisiert ausgewertet. Es werden keinerlei personenbezogene Daten verwendet, weitergegeben oder gespeichert.

Vielen Dank!

HAUPTFRAGEBOGEN:

Screening

1. Wie alt sind Sie? *(Single Choice)*

☐	Unter 18 Jahre	→ *Screenout*
☐	18 – 25 Jahre	
☐	26 – 35 Jahre	
☐	36 – 45 Jahre	
☐	Über 45 Jahre	

2. Welche Aussage trifft am ehesten auf Sie zu? *(Single Choice)*

Ich stehe Online-Angeboten z.B. Onlineshopping, Onlinebanking, etc. ...

☐	... sehr offen gegenüber	
☐	... offen gegenüber	
☐	... weder offen noch skeptisch gegenüber	
☐	... skeptisch gegenüber	→ *Screenout*
☐	... sehr skeptisch gegenüber	→ *Screenout*

Generelles Nutzungsverhalten

3. Welche Aussage trifft am ehesten auf Sie zu? *(Single Choice)*

Ich wickle meine Finanzangelegenheiten...

☐	... immer online ab
☐	... oft online ab
☐	... gelegentlich online ab
☐	... selten online ab
☐	... nie online ab

4. Welche Bank nutzen Sie bisher hauptsächlich? *(Single Choice)*

☐	Commerzbank
☐	Consorsbank
☐	Postbank
☐	Deutsche Bank
☐	Sparkasse

☐	Volks-/Raiffeisenbank
☐	DKB
☐	ING DiBa
☐	Sparda Bank
☐	Norisbank
☐	DZ Bank
☐	Comdirect
☐	Andere Bank: _____

5. Wie häufig besuchen Sie eine Geschäftsstelle einer Bank, Bauspar-
kasse, Vermögensberatung oder Versicherung, um sich bezüglich
Finanzgeschäften beraten zu lassen? *(Single Choice)*

☐	Sehr häufig
☐	Häufig
☐	Gelegentlich
☐	Selten
☐	Nie

Bitte denken Sie im Folgenden an den gesamten Finanzdienstleis-
tungssektor. Zu diesem zählen Banken, Bausparkassen, Versicherungen, Vermögensberatung und andere Finanzdienstleister.

6. Welche Finanzdienstleistungen/-geschäfte nutzen Sie **generell**?
   (Multiple Choice)

☐	Kontostandabfrage
☐	Überweisungen
☐	Daueraufträge
☐	Kreditkartenzahlungen z.B. bei Online-Shopping
☐	Brokerage / Trading / Börse
☐	Versicherungen
☐	Bausparen
☐	Sparen (Sparbuch, Tagesgeld, etc.)
☐	Finanzierungen (Kredite, Hypotheken)
☐	Andere: _____

Die folgende Frage wird nur angezeigt, wenn Frage 3 mit 1 bis 4 beantwortet wurde.

7. Wenn Sie an Finanzdienstleistungen/-geschäfte denken, die Sie bereits **ausschließlich online** via Laptop, Tablet, Smartphone, etc. erledigen, welche sind das? *(Multiple Choice)*

☐	Kontostandabfrage
☐	Überweisungen
☐	Daueraufträge
☐	Kreditkartenzahlungen z.B. bei Online-Shopping
☐	Brokerage / Trading / Börse
☐	Versicherungen
☐	Bausparen
☐	Sparen (Sparbuch, Tagesgeld, etc.)
☐	Finanzierungen (Kredite, Hypotheken)
☐	Andere: _____

Aktuelle Wahrnehmung

8. Wie zufrieden sind Sie mit den Finanzdienstleistungen/-geschäften, die Sie bereits **ausschließlich online** erledigen auf einer Skala von 1 = sehr zufrieden bis 5 = unzufrieden? *(Scale question)* *[Nur Finanzdienstleistungen anzeigen, die in Frage 7 angegeben wurden]*

	sehr zufrieden				Unzufrieden
Kontostandabfrage	☐ 1	☐ 2	☐ 3	☐ 4	☐ 5
Überweisungen	☐ 1	☐ 2	☐ 3	☐ 4	☐ 5
Daueraufträge	☐ 1	☐ 2	☐ 3	☐ 4	☐ 5
Kreditkartenzahlungen z.B. bei Online-Shopping	☐ 1	☐ 2	☐ 3	☐ 4	☐ 5
Brokerage / Trading / Börse	☐ 1	☐ 2	☐ 3	☐ 4	☐ 5
Versicherungen	☐ 1	☐ 2	☐ 3	☐ 4	☐ 5
Bausparen	☐ 1	☐ 2	☐ 3	☐ 4	☐ 5
Sparen (Sparbuch, Tagesgeld, etc.)	☐ 1	☐ 2	☐ 3	☐ 4	☐ 5
Finanzierungen (Kredite, Hypotheken)	☐ 1	☐ 2	☐ 3	☐ 4	☐ 5
Andere: _____	☐ 1	☐ 2	☐ 3	☐ 4	☐ 5

9. Warum sind Sie mit diesen Finanzdienstleistungen/-geschäften eher unzufrieden? *[Nur Finanzdienstleistungen anzeigen, die in Frage 8 mit 3 bis 5 bewertet wurden]*

Kontostandabfrage:	
Überweisungen:	
Daueraufträge:	
Kreditkartenzahlungen z.B. bei Onlineshopping:	
Brokerage / Trading / Börse:	
Versicherungen:	
Bausparen:	
Sparen (Sparbuch, Tagesgeld, etc.):	
Finanzierungen (Kredite, Hypotheken):	
Andere:	

10. Können Sie sich weitere Finanzdienstleistungen/-geschäfte vorstellen, die Sie gerne online erledigen würden? *(Single Choice)*

☐	Ja
☐	Nein

11. *Falls ja [Antwort 1 in Frage 10]:* **Welche weiteren Finanzdienstleistungen können Sie sich vorstellen?** *(Open-ended question)*

_____

_____

12. Ist es für Sie vorstellbar, zukünftig gar keine Geschäftsstelle von Banken, Versicherungen, Bausparkassen und Vermögensberatungen persönlich aufzusuchen? *(Single Choice)*

☐	Ja
☐	Nein

13. *Falls ja [Antwort 1 in Frage 12]:* **Warum ist es für Sie vorstellbar, zukünftig gar keine Geschäftsstelle von Banken, Versicherungen, Bausparkassen und Vermögensberatungen persönlich aufzusuchen?** *(Open-ended question)*

_____

_____

14. *Falls nein [Antwort 2 in Frage 12]:* **Warum ist es für Sie vorstellbar, auch zukünftig Geschäftsstellen von Banken, Versicherungen, Bausparkassen und Vermögensberatungen persönlich aufzusuchen?** *(Open-ended question)*

_____

_____

Einstellungen und Anforderungen an einen digitalen Finanzberater

15. Wenn Sie den Begriff „digitaler, online-basierter Finanzberater" hören, was würden Sie sich darunter vorstellen? *(Open-ended question)*

_____

_____

16. Sie haben nun gerade beschrieben, was Sie sich unter einem „digitalen, online-basierten Finanzberater" vorstellen. Wenn es diesen „digitalen, online-basierten Finanzberater" gäbe, der Sie zu Finanzdienstleistungen berät, welche Anforderungen müsste dieser erfüllen? Was würden Sie sich wünschen? Bitte schreiben Sie alle Gedanken auf, die Ihnen dazu einfallen. *(Open-ended question)*

_____

_____

17. Wenn Sie weiterhin an Ihre Anforderungen an einen „digitalen, online-basierten Finanzberater" denken, wie wichtig sind Ihnen folgende Eigenschaften auf einer Skala von 1 = sehr wichtig bis 5 = unwichtig? *(Scale question)*

	sehr wich-tig				Un-wich-tig
Anzeige all meiner Konten, Versicherungen, Bausparverträge, Darlehen, etc., auch wenn von unterschiedlichen Instituten	☐ 1	☐ 2	☐ 3	☐ 4	☐ 5
Möglichkeit zum Onlinebanking (Überweisungen, Daueraufträge, etc.)	☐ 1	☐ 2	☐ 3	☐ 4	☐ 5
Meldung meiner Kontostände und -grenzen	☐ 1	☐ 2	☐ 3	☐ 4	☐ 5
Meldung zu automatisierten Abbuchungen und Eingängen auf meinem Konto	☐ 1	☐ 2	☐ 3	☐ 4	☐ 5
Meldung meiner aktuellen Kreditkartenbelastung (Abstand zum Kreditkartenlimit)	☐ 1	☐ 2	☐ 3	☐ 4	☐ 5
Anzeige von Finanzierungsangeboten unterschiedlicher Kreditinstitute	☐ 1	☐ 2	☐ 3	☐ 4	☐ 5
Haushaltsbuchfunktion	☐ 1	☐ 2	☐ 3	☐ 4	☐ 5
Meldung von Änderungen meiner bestehenden Finanzprodukte (z.B. Beitragsänderungen, etc.)	☐ 1	☐ 2	☐ 3	☐ 4	☐ 5
Anzeige von Kundenbewertungen für Finanzprodukte	☐ 1	☐ 2	☐ 3	☐ 4	☐ 5
Auf mich persönlich zugeschnittene, an meine Lebenssituation angepasste Finanzangebote anzeigen	☐ 1	☐ 2	☐ 3	☐ 4	☐ 5

Feedback auf meine Fragen und Beratung via natürlicher Sprache	☐ 1	☐ 2	☐ 3	☐ 4	☐ 5
Anzeige meiner (betrieblichen) Altersvorsorge und vermögenswirksamen Leistungen	☐ 1	☐ 2	☐ 3	☐ 4	☐ 5
Ständiger, automatischer Check nach besseren Finanzangeboten am Markt (Scan des Gesamtmarktes)	☐ 1	☐ 2	☐ 3	☐ 4	☐ 5
Aufzeigen von Möglichkeiten zum Wechsel zu günstigeren Angeboten (z.B. bei besseren Zinsen, Umschuldungsmöglichkeiten, etc.)	☐ 1	☐ 2	☐ 3	☐ 4	☐ 5
Trading / Anzeige aktueller Aktienkurse (Trading Cockpit)	☐ 1	☐ 2	☐ 3	☐ 4	☐ 5
Empfehlungen zu Anlageprodukten (Aktien, Fonds, etc.) abgeben	☐ 1	☐ 2	☐ 3	☐ 4	☐ 5
Sofortige Meldungen zu Änderungen am Finanzmarkt (z.B. Börsencrash)	☐ 1	☐ 2	☐ 3	☐ 4	☐ 5
Vorhersage über angesparte Geldmenge zu einem von mir bestimmten Zeitpunkt, wenn ich weiterhin so spare wie bisher	☐ 1	☐ 2	☐ 3	☐ 4	☐ 5
Digitale Ausweisfunktion, damit ich Finanzdienstleistungen direkt online in Anspruch nehmen kann	☐ 1	☐ 2	☐ 3	☐ 4	☐ 5

18. Fallen Ihnen nun zu den bereits genannten Eigenschaften noch weitere Aspekte ein, die ein „digitaler, online-basierter Finanzberater" aus Ihrer Sicht erfüllen müsste? (Single choice)

☐	Ja
☐	Nein

19. *Falls ja [Antwort 1 in Frage 18]:* **Welche Eigenschaften sind das?** *(Open-ended question)*

_____

_____

20. Würden Sie solch einen „digitalen, online-basierten Finanzberater" nutzen? *(Single Choice)*

☐	Ja, bestimmt nutzen
☐	Ja, wahrscheinlich nutzen
☐	Vielleicht nutzen, vielleicht nicht nutzen
☐	Nein, wahrscheinlich nicht nutzen
☐	Nein, bestimmt nicht nutzen

21. *Falls nein [Antworten 3 bis 5 in Frage 20]:* **Warum würden Sie einen „digitalen, online-basierten Finanzberater" eher nicht nutzen?** *(Open-ended question)*

_____

_____

22. *Falls ja [Antwort 1 bzw. 2 in Frage 20]:* **Wie häufig würden Sie ihn nutzen?** *(Single Choice)*

☐	Sehr häufig
☐	Häufig
☐	Gelegentlich
☐	Selten
☐	Nie

23. Inwieweit treffen die folgenden Aussagen auf Sie zu (auf einer Skala von 1 = trifft voll und ganz zu bis 5 = trifft überhaupt nicht zu)? *(Scale question)*

	Trifft voll und ganz zu				Trifft überhaupt nicht zu
Ich würde einem „digitalen, online-basierten Finanzberater" vertrauen	☐ 1	☐ 2	☐ 3	☐ 4	☐ 5
Ich kann mir vorstellen, ausschließlich von einem „digitalen, online-basierten Finanzberater" beraten zu werden	☐ 1	☐ 2	☐ 3	☐ 4	☐ 5
Ich benötige den persönlichen Kundenberaterkontakt	☐ 1	☐ 2	☐ 3	☐ 4	☐ 5
Ein „digitaler, online-basierter Finanzberater" wäre eine gute Unterstützung	☐ 1	☐ 2	☐ 3	☐ 4	☐ 5

SOZIODEMOGRAPHIE

24. Ihr Geschlecht: *(Single Choice)*

☐	männlich
☐	weiblich

25. Ihr höchster Bildungsabschluss: *(Single Choice)*

☐	Kein Schulabschluss
☐	Grund-/Hauptschulabschluss
☐	Mittlere Reife (Realschule)
☐	Abitur (Gymnasium)
☐	Abgeschlossene Ausbildung
☐	Hochschulabschluss (Diplom/Bachelor/Master)
☐	Sonstiges: _____ *(Open-ended question)*

ENDE

Vielen Dank für Ihre Teilnahme und Ihre Zeit!

Anhang II: Variablenerklärung - Shapley Value Regression

allK	Anzeige all meiner Konten, Versicherungen, Bausparverträge, Darlehen, etc., auch wenn von unterschiedlichen Instituten	
Onl	Möglichkeit zum Onlinebanking (Überweisungen, Daueraufträge, etc.)	
KoSt	Meldung meiner Kontostände und -grenzen	
autoBew	Meldung zu automatisierten Abbuchungen und Eingängen auf meinem Konto	
KreKar-Bel	Meldung meiner aktuellen Kreditkartenbelastung (Abstand zum Kreditkartenlimit)	
FinAng	Anzeige von Finanzierungsangeboten unterschiedlicher Kreditinstitute	
HBF	Haushaltsbuchfunktion	
Änd	Meldung von Änderungen meiner bestehenden Finanzprodukte (z.B. Beitragsänderungen, etc.)	
KuBew	Anzeige von Kundenbewertungen für Finanzprodukte	
persFP	Auf mich persönlich zugeschnittene, an meine Lebenssituation angepasste Finanzangebote anzeigen	Statement-Batterie 1
NLP	Feedback auf meine Fragen und Beratung in natürlicher Sprache	
BAVVL	Anzeige meiner (betrieblichen) Altersvorsorge und vermögenswirksamen Leistungen	
Mscan	Ständiger, automatischer Check nach besseren Finanzangeboten am Markt (Scan des Gesamtmarktes)	
günAng	Aufzeigen von Möglichkeiten zum Wechsel zu günstigeren Angeboten (z.B. bei besseren Zinsen, Umschuldungsmöglichkeiten, etc.)	
Trad	Trading / Anzeige aktueller Aktienkurse (Trading Cockpit)	
Empf	Empfehlungen zu Anlageprodukten (Aktien, Fonds, etc.) abgeben	
FMÄ	Sofortige Meldungen zu Änderungen am Finanzmarkt (z.B. Börsencrash)	
VorhG	Vorhersage über angesparte Geldmenge zu einem von mir bestimmten Zeitpunkt, wenn ich weiterhin so spare wie bisher	
eID	Digitale Ausweisfunktion, damit ich Finanzdienstleistungen direkt online in Anspruch nehmen kann	
OFB-trust	Ich würde einem „digitalen, online-basierten Finanzberater" vertrauen	
OFBonly	Ich kann mir vorstellen, ausschließlich von einem „digitalen, online-basierten Finanzberater" beraten zu werden	Statement-Batterie 2
OFBsup	Ein „digitaler, online-basierter Finanzberater" wäre eine gute Unterstützung	